限りなくシンプルに、豊かに暮らす

枡野俊明

PHP文庫

○本表紙図柄＝ロゼッタ・ストーン（大英博物館蔵）
○本表紙デザイン＋紋章＝上田晃郷

まえがき

ここ数年、欧米やアジアで、「禅の庭」がブームとなっています。私のところにも、「禅の庭」のデザインをしてほしいという依頼が次々と舞い込んできます。数年前までは美術館や高級コンドミニアムの公共スペースなど、公共性の高い空間に庭を設《しつら》えてほしいという依頼が多かったのですが、最近では個人的な依頼でやってくる人が増えてきました。

自分の家の敷地内に「禅の庭」をつくってほしい。あるいは別荘に「禅の庭」を設えてほしい。そんな要望が増えてきました。そういう人たちは、世界的にも名の知れた経営者など、いわゆるセレブと称される人たちです。中にはプライベートジェットに乗って日本にやってくる人もいます。そしてその足で建功寺を訪れてくる。ラフな恰好をしていますが、世界的に有名な会社のオーナーであったりします。

そして彼らは一様に私に言います。

「何もない庭をつくってほしい。心が休まるような美しい『禅の庭』をつくってほしい」と。

おそらく彼らは、すべてのものを手に入れた人たちです。欲しいと思えば、どんなものでも手に入れることができるでしょう。豪邸の中には、世界的な名画や最高級の調度品が飾られています。広大な敷地にはプールやテニスコートも当たり前のように完備されている「すべてを手に入れた人たち」。その彼らが最後に望むのが、「何もない空間」なのです。

何もない空間を生み出すためには、何かを置かなければなりません。ほんとうに何もない空間では、単なるだだっ広い土地になってしまう。そこに何かを設えてこそ、「何もない空間」を感じ取ることができるわけです。「有＝無　無＝有」ということです。

その依頼を受けて私は、「禅の庭」のデザインを施《ほどこ》します。これ以上そぎ落とすことができない。その限界まで余計なものをそぎ落としていく。そして最終的には庭の中にたった数石の石だけを設える。石の表情をくみ取りながら、石の心を読み取りながら、そして石の声を聞きながら、たった数石の石を庭の中に設えていく。これが「禅の庭」の精神であり、日本人は昔からそんな感性を持っていたのです。

できあがった「禅の庭」を見て、彼らは心から感嘆の声を出します。「何と素晴らしい空間なのだろう。何と心が落ち着く風景なのだろう」と。すべてのものを手に入れた彼らが行きついた先とは、「何もないことの心地よさ」だったのでしょう。

私は物欲を否定することはありません。物欲があることで努力が生まれることもあります。欲しい物を手に入れたときの喜びは、人生を豊かにしてくれるものでしょう。ただし、そこにほんとうの豊かさは宿っていないということに気づいてほしいのです。「ほんとうの豊かさとは、物や身の回りにあるのではない。それは心の豊かさにある」。禅というのは、ただそれだけを言い続けてきたのです。

シンプルに暮らすとはどういうことなのか。シンプルに生きるためにはどうすればいいのか。それは単に整理整頓をしたりすることだけではありません。質素な暮らしをしさえすれば叶うということでもありません。シンプルに生きるということは、すなわち自分にとって大切なものを見極めることだと私は思っています。

今の自分にとって、いちばん大切にするべきものは何か。今の暮らしの中で、ほんとうに必要なものとは何か。物質的なことも精神的なこともすべて含めて、自分が大切にすべきものに目を向けること。それが浮き上がってきたとき、暮らしも心もシンプルな状態になるのではないでしょうか。

世の中の風景にばかり目を奪われていないで、自分自身の心との対話をすること。「ほんとうの自分とは何か」ということを、ときに立ち止まって考えてみる。そんな作業を人生の中に取り入れることで、きっと豊かな心が見つかるはずです。

あなたの人生の中に、少しだけ「何もない」心地よさを取り入れてみてください。

合掌

限りなくシンプルに、豊かに暮らす　目次

第一章　簡素に暮らす

第二章

手放して、整える

第三章　幸せとは、足るを知ること

第四章 とらわれない。抱え込まない

第一章

簡素に暮らす

あえて不便さを選ぶ

私たち僧侶は、一般社会の生活に比べますと相変わらず不便さの中で生活しています。修行僧が多く集まる僧堂では、そのつど、一度の食事で食べる分だけを畑で採ってきたり、買い足したりしています。たくさんの食材をストックしておくことをしないのです。このように僧侶は、常に不便さの中にあえて身を置きながら生きてきました。どうしてそんな習慣が未《いま》だに続いているのでしょう。もちろん日常生活そのものが修行であるという考え方もあるのですが、それよりも現実的な理由があるように私は思っています。それは、不便さを生活に取り入れることで、健康な身体と心を手に入れている、ということです。

リンパ研究の第一人者とされるドクターは、「キッチンの中で、常に使うものほど手の届かない上のほうに置くこと」とアドバイスをしています。上のほうのものを取るためには、いちいち台座に乗って背伸びをして取らなければなりません。面倒ではありますが、この習慣こそがリンパの流れを良くするのだそうです。台座に上ったり降りたりすることで、ふくらはぎの筋肉が自然と動きます。背伸びをすることで背筋が伸び、姿勢が良くなってくる。このようにして、生活の中にあえて不便さを取り入れていれば、わざわざウォーキングなどしなくても十分だとドクターは言います。

まさにその通りだと思います。エレベーターやエスカレーターを使わずに、階段を上る。掃除機を使わないで箒《ほうき》で掃除をする……機械に頼らずに自分の身体を使い、多少の不便さを楽しんでみてはいかがでしょう。案外そのほうが気分が良かったりして、生活がおもしろくなるかもしれません。

不便さの中にあえて身を置くことで、
心と身体が健康になる。

他に使える用途はないか考える

昔のお寺には、必ず石臼《いしうす》というものがありました。胡麻《ごま》やさまざまな食材を砕いたりするものです。食事の支度をするときにはなくてはならない道具の一つでした。

しかしその石臼とて、永遠に使えるものではありません。三〇年も四〇年も使っていれば、やがては表面が摩耗《まもう》していきます。少しずつ減っていく石臼は、もう粉をひくには役に立ちません。あるいは長年使い続けていれば、割れてしまうこともあります。自然のものですから、それも当たり前のことです。

では割れてしまった石臼はどうするか。役に立たなくなったからといって捨てることはありません。石臼としての命は終わってしまいましたが、次なる役目は何かを考えます。そこで割れた石臼を漬物石として使うわけです。

そうしてさらに三〇年も漬物石として働いた石は、いつの間にか角が欠けてきて小さくなっていきます。重みが足りなくなった石は、もう漬物石としての役割を果たすことができません。

そこで僧侶たちは考えます。「何とかこの石を活かすことはできないだろうか」と。そこで小さくなったその石を、庭に設えるわけです。水はけの悪いところに置けば、雨のときには石の上を歩くことで足は濡れません。あるいは飛び石のように設えれば、庭には新しい表情が生まれてきます。

一つの石臼が漬物石になり、やがては庭の飛び石としても使われる。これが禅で言うところの「見立て」というものです。一つの役割を終えたもの。それを別なものに見立てて使い続けていく。それはけっしてケチでやっているわけではありません。石臼を漬物石にすることで、新しい漬物石を買う必要がなくなります。つまり「見立て」の精神というのは、無駄《むだ》なものを増やさないという心の表れなのです。

古くなっても十分に使えることがある。修理をすれば生き返る道具もたくさんある。たとえ使えなくなっても、他の用途で役に立つこともあるのです。そんな発想を少しでもいいからもってもらいたい。

ものを大切にする心は、きっと人を大切にする心につながっていくのだと思います。

一つの用途で使えなくなっても、
他のものに「見立て」てみましょう。

週に一度は菜食の日にする

私は初めてお目にかかった人から、「住職の肌はきれいですね」とよく言われます。もちろん私は何か肌の手入れをしているわけではありません。それでも肌が美しく見えるとするならば、それは食生活にあるのだと思います。私は、基本的にはあまり肉を食べません。もちろん会食するときなどはみなさんと同じものをいただきますが、お寺での生活は基本的に野菜や魚が中心です。

一人前の僧侶になるための修行期間である雲水《うんすい》の時期。この時期にはまったく肉と魚を食べることがありません。私もこの時期を経験しましたが、初めのうちは空腹に気が変になるかと思うほど苦しんだものです。ところが半年もすれば、おかゆや麦の入ったご飯と、わずかな野菜中心の食生活に身体が慣れてきます。そして雲水はみんな透き通ったような真っ白な肌になっています。

さらにこのような食生活を続けていると、体臭が少なくなってきます。汗をかいても、いやな体臭にはなりません。さっと濡れたタオルで身体を拭《ふ》くだけで、すっきりときれいな身体になります。しかも肌もすべすべになってきます。

いくつになっても若々しい素肌を保ちたい。そんな方は、ぜひとも野菜中心の生活に切り替えてはいかがでしょうか。もちろん肉や魚をいっさい食べないというのは無理なこと。また極端な食事は体調を壊すことにもなりかねません。

私がよくご提案しているのは、一週間のうち一日だけ、肉と魚を食べない日をつくるということです。仕事のある日にはなかなかできないでしょうから、たとえば土日のどちらかを野菜だけの日にしてみてはいかがでしょう。たった一日と思うでしょうが、この一日が身体をきれいにリセットしてくれます。

肉や魚を食べない日をつくるだけで、
身体がリセットされます。

お腹いっぱい食べようとしない

「腹八分目」ということが昔から言われています。今のように食べるものが十分でなかった昔から、この言葉は言いつがれてきました。つまり、お腹いっぱい食べることは身体にとっては良くない。そのことを昔の人は知っていたのです。これは素晴らしい智慧《ちえ》だと思います。

私は日頃から「腹七分目」を心がけています。「腹八分目」よりもさらに少し少なめの食事です。もともとあまり胃腸が丈夫ではないこともあり、「もう少し食べたいな」と思うところでやめる。これが何よりの健康法になっています。実際に少し食べすぎたと思う翌日は、やはりどこか調子が悪いように感じます。

最近では、「食べ放題」の店が増えているようです。一定の金額さえ払えば、好きなだけ食べていい。こういう店に行くと、もうお腹がいっぱいだというのに、それでも食べてしまいがちです。「もっと食べて元をとらなくては」とつい考えてしまうのです。犬や猫は、お腹がいっぱいになればそれ以上は食べることはありません。いかに人間が身体の声に耳を傾けていないかということでしょう。

食べすぎないためには、一気に流し込むように食べることをしないで、時間をかけて食事をすることです。実は、雲水修行生活を経験した私は、食べるのが早いのです。修行僧が一斉に食事をするときは、ゆっくりと食べる時間が与えられていません。この習慣が今でも残っているのです。しかし、これはけっして良いことではありません。私の経験からすると、少しの時間を置くことで、人間は満腹感を感じるようにできているようです。

たとえば夕食をつくるとき、「十分かな」と思う量より、少し多めにつくってしまうことがあります。つくってしまえば、お腹がいっぱいになったとしても、残さずに食べようとするでしょう。つまり頭で食べようとするわけです。

こんなときには、「もう十分」と思う量でつくるのを控えることです。もしかしたら、もう少し食べたい、物足りない、と感じるかもしれませんが、またつくるのも面倒くさいので、今日はここでやめておこう、と考えるのが人間です。食べすぎるのも頭なら、食べすぎないような工夫をするのも、また頭なのです。

頭で食べない。
身体の声に耳を傾ける。

一〇〇パーセントの快適を求めない

夏になれば夏の洋服を着る。冬になれば暖かな冬服に衣替えをする。それは昔から為《な》されてきた生活習慣です。ただ一昔前までは、季節の狭間《はざま》に着るような服はありませんでした。冬から夏に移り変わる春。夏と冬の間にある秋。この季節の狭間の時期には、自分の身体で暑さ寒さを調節しながら暮らしていたものです。

ところが現代では、春には春の洋服があり、秋には秋の洋服がある。一年を通して、もっとも快適な洋服を買うことができます。また室内の温度なども、コンピューター制御によって一年中最適な温度に保たれている。会社の中にいれば、真夏であっても真冬であっても、同じような服装で仕事をすることができます。まるで温室で育てられている野菜のようです。

私たち僧侶は、一年を通して同じ作務衣《さむえ》を着ています。もちろん冬になれば厚手の作務衣に着替えますが、それでも暖かいという代物ではありません。今でこそ私は冬に足袋《たび》を履《は》きますが、十年ほど前までは真冬でも裸足で過ごしていました。

いくら慣れているとはいえ、裸足で境内《けいだい》の掃除をするのはやはり冷たい。それでも冷たさに耐えて掃除を終え、本堂の畳の上に立ったときには、ほっとするような温かさを覚えます。畳の上とは、何と温かくて快適なのだろう。その快適さに心から感謝したものです。それは、冷たさに耐えたからこそ得られる喜びです。

常に快適な状況に身を置いていれば、ほんの少しの不快感も我慢することができなくなってしまいます。夏に部屋の温度が少し高くなれば暑いと言う。冬にエアコンの温度を下げれば寒いと文句を言う。これでは、自分自身の幅を狭《せば》めているような気がします。そして何より、一〇〇パーセント快適な環境を常に保つことなど不可能なのです。

まずは少し我慢をする生活を試みてはいかがでしょうか。季節の狭間の時期はそれほど長くは続きません。せめてその間だけでも、不自由さやちょっとした不快感を味わってみるのです。寒ければ身体を動かす。暑ければ冷たい水で顔を洗う。そうすることで、より生きていることを実感できる生活につながっていくのだと思うのです。

少しのことなら我慢できる人になる。
そうすることで、人間としての幅も広がる。

自然の中に身を置いてみる

自然の営みは留まることなく為されています。春になり、暖かな風が吹けば、花の蕾《つぼみ》が開き始める。その香りに誘われるように、たくさんの虫や鳥たちがやってくる。そこには何の計らい事もありません。そして秋になれば花は散り、木々は枯れていきます。そのシンプルな営みの中にこそ、生き物の真理が宿っていると禅では考えています。

そして私たち人間もまた、大自然の一員であることを知るのです。

自然を感じるには、何も遠くまで出かけなければいけないというわけではありません。あなたが毎日通う道にある公園。そこにもまた自然の営みがあります。春が来れば、公園の片隅に花が咲いているでしょう。その花を見て「毎年咲いている同じ花だな」と思うかもしれません。しかしその花は、昨年と同じ花ではありません。去年咲いた花は、もうすでに枯れてなくなっているのですから。毎年、新たな花を咲かせている自然の力をこそ感じてほしいと思うのです。

長年会社勤めをしていれば、まるで同じ日々の繰り返しのような錯覚を起こすこともあるでしょう。十年一日《いちじつ》のごとく過ぎていく日々。そのマンネリの中に埋もれてしまう怖さを感じている人も多いのではないでしょうか。

それでもそこにいるのは、昨年のあなたではないはずです。同じ仕事の繰り返しなど、ほんとうはありません。日々の自分は生まれ変わっています。昨日の自分と今日の自分が同じはずがありません。『方丈記』にあるとおり、「ゆく河の流れは絶えずして、しかももとの水にあらず」です。自然の中に身を置くことで、その真実に気づかされるのです。

今咲いている花は去年と同じ花ではありません。
今日のあなたも、昨日と同じあなたではないのです。

一日一〇分坐禅を組む

今、お寺で朝の坐禅会を行っているところがあります。会社に出勤する前にお寺に行き、三〇分ほど坐禅を組む。この坐禅会はどこも大変な人気で、特に若い女性の参加者が多いようです。

坐禅というのが注目され始めたのは、実はそれが身体にとても良いことが医学的にも分かってきたからでしょう。真っ直《ま す》ぐな正しい姿勢を保って座る。そうすることで全身の血流が二五パーセントほど上昇することが分かってきました。心と身体がリラックス状態になっていますから、心臓の鼓動もゆっくりになってくる。

何より血流が増えることによって、手足の冷えが改善され、自然と身体全体が温まってくる。眠る前に坐禅を組むと、寝つきが良くなることも分かってきたのです。

私たちが修行で組む坐禅は、一回に約四五分。これは一炷《いっちゅう》といって、一本のお線香が燃え尽きるまでの時間です。そして摂心《せっしん》と呼ばれる特別修行期間では終日坐禅を繰り返す修行が行われます。ですが、僧侶でなければ四五分もする必要はありません。たとえば眠る前の一〇分。あるいは朝出かける前の一〇分でも十分です。また、もしも足が痛くて正式な坐禅が組めないのであれば、僧侶のように足を結跏趺坐《けっかふざ》や半跏趺坐《はんかふざ》に組むことはありません。自分が座りやすい体勢でやればいいのです。ただし、下っ腹を思いっきり前に突きだして背筋を伸ばし、丹田《たんでん》呼吸をしっかりとしましょう。そうすれば、それは立派な坐禅となります。

静かに坐禅を組んでいると、いろんなことが頭に浮かんできます。中には心配事も浮かんでくるでしょう。そんなときは無理に忘れようとするのではなく、その心配事を、少し距離を置いて眺めてみるようにしてみてください。煩雑な日常の中ではなかなか距離を置くことはできませんが、不思議と坐禅を組んでいるとそれができたりします。そこで気づくのです。「ああ、大した心配事ではないな」と。

余計なことにとらわれず、自分にとってほんとうに大切なことを見極める。不要な感情に振り回されることなく、心穏やかに暮らす――そんなシンプルな生活を導き出す一つの方法が坐禅なのです。たった一〇分の坐禅の習慣で心身ともに健康になってきます。さっそく今日から始めてみてはいかがでしょう。

たった一〇分の坐禅習慣で、
心も身体もゆったりした日々を過ごすことができます。

掃除で自分の心を磨く

かつて家の掃除といえば、内箒で掃《は》いたり、水で絞《しぼ》った雑巾《ぞうきん》で拭くのが当たり前でした。それが電気掃除機という便利なものが登場し、掃除は一気に楽になりました。家事の時間が短縮されて、その時間を有効に使えることはとても良いことでしょう。今ではさらに進み、自動で掃除をしてくれる家電製品が登場してきました。自分が出かけているときに、勝手に家の中の掃除をしてくれる。まるで夢のような製品です。

もちろん、利便性を追求するのは人間の本能のようなものです。こうした製品を頭から否定するつもりはありません。ただし、それらに頼ってばかりいては、同時に何か大切なものを失ってしまうような気がするのです。

たとえばテーブルに飲み物をこぼしてしまったとします。それを放っておく人はいません。すぐに拭き取ろうとするでしょう。「あーあ。やってしまった」と思うでしょうが、その汚れをきれいに拭き取った瞬間、どこか清々《すがすが》しさを感じませんか。目の前にある汚れをきれいにする。その心地よさは誰にでもあるもの。おもしろいもので、たとえばその汚れを機械が拭き取ったとしたら、心地よさは感じることができないでしょう。きれいにしたというちょっとした満足感も得ることができないのです。

自分の手で周りをきれいにする。その行為はとても大切なことだと私は思っています。私たちは、日頃から本堂の向拝《こうはい》の下などを雑巾がけしています。ですから、そう汚れがあるはずもない。一日サボったところで、本堂の向拝の下はピカピカに保たれているでしょう。それでも拭き掃除をしています。それは何のためかというと、実は廊下の拭き掃除をすることは、すなわち自分自身の心を掃除していることと同じなのです。本堂を磨くことによって、自身の心も磨いている。そして清々しい気持ちで一日をスタートさせる。それが修行の一つでもあるのです。

便利な電化製品をいっさい使うなと言うのではありません。しかし、自動掃除機は部屋をきれいにしてくれますが、あなたの心を磨いてはくれません。それらに一〇〇パーセント頼ってしまうこと、それはとてももったいないことだと思うのです。

拭き掃除は心地よいもの。
それを手放すのはもったいない。

食材を捨てない

何物も無駄にはしないこと。禅の基本にはそのような精神があります。

食事の支度をするときにも、食材を無駄にするようなことは絶対にありません。すべての食べ物に感謝をしながらいただくこと。そんな習慣が染《し》みついています。

たとえば大根です。スーパーなどで売られているものには葉っぱがついていません。あらかじめ店のほうで切り落とされています。ついていても、たいていは捨ててしまうでしょう。何とももったいない話だとつくづく思います。

大根の葉っぱを、ごま油で炒めるだけで立派なおかずになります。お漬物にしておけば、数日間は楽しむことができます。しかも栄養素が豊富な部分ですから身体にも良い。無駄にすることなく、しかも身体にも良いのですから一石二鳥です。

かつてものが豊かでなかった時代。ご飯を食べ終えると、お茶碗の中に熱いお茶を注いでいました。そしてたくあんを一切れお箸《はし》でつまみ、たくあんを使って茶碗の中をていねいに拭き取ります。塩気の残るたくあんをお茶と一緒にきれいに食べる。そこで食事が終わるのです。もともとこれは、禅での食事作法が簡略化され一般に広がったものですが、食べ終わったお茶碗の中にはお米の粒が残っている。米粒が残っていなくても、お米から出てくるでんぷんが茶碗についています。食材を大事にする気持ちがとても強く表れています。

そんな行為を貧乏くさいと言う人もいるかもしれません。しかし私はけっしてそうは思わない。貧乏くさいどころか、その行為の中に人間としての美しさを感じます。一粒のお米も無駄にしない。その心の中にこそ、真の美しさが宿っていると思うのです。

どんな食材も無駄にしない。
それが生き方の美しさへとつながっていきます。

流行りの健康法にすがらない

健康ブームは相変わらず過熱しています。それに加えて、美容関連商品も盛んに宣伝されています。健康になること、美しさを求めること、それは素晴らしいことではありますが、あれもこれもと取り入れすぎるのはいかがなものかと思います。

新しい美容法や健康に良いとされる食べ物はどんどん取り入れる。ブームが去ると、また新しい健康法が提案され、それを取り入れる。まるで追いかけっこをしているようです。

今の健康ブームというのは、足し算の考え方だと思います。良いとされるものをどんどん取り入れていく。禅の世界は、そういう意味では引き算の考え方です。たとえば食事で言えば、健康に良いものを取り入れるという発想ではなく、

「健康に悪いものを排除していく」という発想です。

食べ物だけでなく、健康に悪い習慣をできる限り削り取っていくこと。それがひいては日々の健康と美しさにつながっていくのです。

もともと日本人は、引き算の生き方をしてきたのだと私は考えています。例をあげれば、ヨーロッパには香水の文化が根付いてきました。西洋の人々は体臭が強いですから、それを何とかしようと考えた。そこで彼らは、体臭よりも強い香水を生み出していったのです。香水を使って体臭を誤魔化《ごまか》す。それは足し算の考え方です。

一方の日本人は、体臭がするならそれを消そうという発想をしてきました。風呂に入って身体をていねいに洗う。体臭を誤魔化すのではなく、匂いを消そうとした。それが石鹸の文化へとつながっていったのでしょう。「石鹸の匂い」というものが、日本人にとってはいちばん心地よいものだったのだろうと思います。

こうした引き算の発想が、欧米文化の影響で薄れてきたような気がします。

これまでの習慣はやめない。それでいて健康にもなりたい。だから、新たにまた何かを取り入れる。そういった足し算の考え方が、さまざまな悩みを生み出しているような気がしてなりません。

足し算の生き方を見直して、引き算の生き方に変えてみませんか。少しだけ足すことをやめてみませんか。きっと清々しい気持ちになれると思うのですが。

身体に悪いものを排除していけば、
おのずと健康は手に入るものです。

簡素な暮らしを心がける

簡素な生活。いっさいの無駄を省《はぶ》き、ほんとうに必要なものだけで生活をする。それこそが美しさであると禅は教えています。

「簡素」という言葉と「質素」という言葉があります。この二つの言葉は、似ているように見えますが、まったく別のことです。

「簡素」というのは、無駄なものをそぎ落としていくということ。何が自分にとってほんとうに必要なのかを見極めるということです。たとえばお茶を飲むことが好きな人であれば、湯呑《ゆの》みにも目が行くでしょう。多少高価なものであっても、気に入った湯呑みでお茶を飲むことで心が豊かになります。そういう人は高価な湯呑みを買えばいい。そしてそれを大切に使うことです。安価な湯呑みをたくさん買うのではなく、一生使えるような品を求める。これが「簡素な生活」ということなのです。

一方の「質素」というのは、価値の低いものを使うということです。中には湯呑みなどどんなものでもいい。お茶さえ飲めればそれでいい。そう考える人もいるでしょう。そんな人がわざわざ高価な湯呑みを買う必要はありません。こだわりがないのであれば、安価なもので十分に間に合います。自分が価値を求めないものは質素なものでいい。

自分の生活の中で、何を簡素にして何を質素にするのか。それを見分ける目を養うことです。自分にとって必要なものは何か。今、持っているもので不要なものは何か。そして自分の心をほんとうに満たしてくれるものは何か。常にそういう意識を持って暮らしていれば、家の中は自然とすっきりとしてくるでしょう。

それはほんとうに必要なものか。
自分の心をほんとうに満たしてくれるものは何か。

ストックをしない

たくさんの物をストックしている人がいます。たとえば冷蔵庫やキッチンにドレッシングやソースなど、新しい調味料が何本もある。いつ買ったのか忘れたような食品が冷蔵庫の奥に眠っている。「なくなったら困る」あるいは「特売日だから余計に買っておく」。そんな習慣が余分な物を溜《た》めこむ原因になっているのでしょう。できる限り、生活の中からストックをなくすことです。何かが足りなくなれば、そのときに買いに行けばいいのです。それができなくても、災害に備えて備蓄をする必要がある、という考えもあります。もちろんそれも確かに必要でしょう。しかし、いざというときのために飲料水や缶詰を大量に蓄《たくわ》えていて、それらが賞味期限切れになり、廃棄することになったら、もったいないことです。備蓄するとは、たくさんの物を蓄えておくことではありません。何かが足りなくなった場合、どこに行けば手に入るか。代用品でいかにして補うか。手に入らなかった場合、どうやってしのぐか。そういった心の準備をしておくということも含まれているのだと思います。

自給自足を目指す僧侶たちは夕食の準備をするとき、畑でその日食べる分だけの野菜を採っています。これが自給自足をするときの基本です。そして夕食を終えたときには、すべての食材が残っていない。翌朝の分まで採っておくことはしません。すっかり食材がなくなった台所。そこには言いようのない清々しさがあります。必要なものを必要なときに、必要な分だけ採りに行く。不要なものはいっさい残しておかない。それが禅の生活の基本となっています。余計なものがいっさいないという空間。その清廉《せいれん》な空間はとても気持ちのいいものです。

今必要なものだけを手に入れ、不要なものはいっさい置かない。
毎日を清々しく暮らす。

一つの物を慈しむ

すでにもっているのに、新しい商品が出たから買い替える。まだまだ十分に使えるのに捨ててしまう。つい新しいものに目が向いてしまう。欲が欲を呼ぶような状態。これが幸せな状態だとは私には思えません。私たち禅僧は、修行時代から物を大切にする心を養ってきました。日々着ている作務衣などにしても、簡単に捨てることはしません。もしもどこかがほつれたなら、そこを縫い直して大切に着ます。草履《ぞうり》の鼻緒《はなお》が切れたとしても、それをていねいに直して使います。自分の身の回りにある物すべてを大切に思い、簡単に手放すことはしません。

買い替えるお金がもったいないからという理由だけではありません。禅僧たちはきっと、作務衣のほつれを直しながら、実は自分の心のほつれを直しているような気がするのです。自分の愛着ある物を修復するという作業を通して、自分の揺れ動く心をただそうとしている。いつも身を包んでくれる作務衣に感謝をすることで、さまざまなことへの感謝の気持ちが自然と湧いてくる。

縁があって自分のところに来てくれた物。それは自分と一体だという気持ちをもってみてください。物を蔑《ないがし》ろにする人は、自分や周りの人間をも蔑ろにしてしまうのではないでしょうか。何より、一つの物を大切にしていれば、不要な物が増えることはありません。物が増えないということは、すなわち雑念が増えないということと同じだと思います。

長年使い続けている自分の物。そこにはたくさんの思い出が宿っています。それを眺《なが》めるだけで、ずっと前の自分の姿を見ることができる。物が自分の心に語りかけてくれる。それがあなたの人生の「物語」ではないでしょうか。

あなたのもとに縁あってやってきた物を
慈しみ、大切に向き合ってみましょう。

出かけるときの持ち物は必要最低限にする

私は出かけるさいに、不要な物はいっさい持ち歩きません。住職としての仕事に必要な物、その日の仕事で必ず使う物、それ以外の物を持ち歩くことはほとんどしません。小さな巾着袋《きんちゃくぶくろ》や頭陀袋《ずだぶくろ》一つで済むこともあります。それは、余計なものを持ち歩くことで、何となく居心地の悪さを感じるからです。これは修行時代からの生活が身についているからだと思います。おかげでいつも心の中はすっきりとしています。

たとえば傘などにしても、私は持ち歩くことはしません。傘を持っていないときに、突然の雨に見舞われることもあります。そのときに「まいったな」と思うのではなく、いっそその雨を楽しもうという気持ちになるのです。

ビルの中にいるのなら、雨が止むまでどこかで時間を潰《つぶ》す。もしも外を歩いているときに雨に遭《あ》えば、軒先を少しお借りして雨宿りをする。もし、知らない街での雨宿りであれば、初めての街並みを眺めながら、一時の休息を楽しむこともあります。それくらいの気持ちをもって、ゆったりと人生を歩んだほうが心地よいのではないでしょうか。

たくさん物を持ち歩いている方は、一度中身を全部出して、点検してみてはいかがでしょう。持ち歩く荷物の中身を整理することは、自分の頭の中を整理することと同じだと私は考えています。頭の中に余計なものが詰まっていれば、新しいものが入ってくる余地がなくなってしまいます。また、余計なものが詰まっているということは、すなわちそれらに縛られていることにもなるでしょう。荷物を身軽にすることで、心も軽やかになるのではないでしょうか。

いざというときのために物を持ち歩くのではなく、
不測の事態をも楽しめる自分でいる。

欲しい物をすぐに手に入れない

僧侶になるための修行時代。その厳しい生活の中には、不要な欲望など入り込む余地はありません。何が欲しいとか、何を食べたいなどと考える余裕もない。つまり禅の修行というのは、いっさいの生活にタガをはめているとも言えるのです。

もちろん普通の生活をしている人たちが、このような厳しいタガをはめられることはありません。またそこまで厳しく追い込むこともないでしょう。しかし、心のどこかにタガをはめることは大切なことだと私は思っています。タガがすっかり外れてしまうと、欲望を満たすことに心を奪われてしまう。そうならないために、自分自身の心にしっかりとタガをはめておくのです。

たとえば街を歩いていて、ある物に目が留まり、欲しくなったとします。欲望に支配されてしまっていると、つい衝動買いしてしまう。そこで「欲しい物は、三回目に買う」というタガをはめてみてはいかがでしょう。

街で見かけて、欲しいという気持ちになる。しかしその場では買わない。家に帰っても、やっぱりそれを欲しいと思う。そこで翌日にまた店に行く。でもまだ買いません。それから一週間経って、それでも欲しいと思うのなら、買うのです。

そんな決め事を自分なりにつくってみることです。それはすなわち、自分の欲望と冷静に向き合う時間をもつということ。衝動的に欲望を満たすのではなく、自分の心と相談してから行動に移していく。このようなタガをはめれば、無駄な買い物はきっと減るものです。なぜならば、三回目に買うほど欲しいと思う物など、実際にはそれほどたくさんはないからです。

あえて、自分にタガをはめて生活する。

買えても、買わない

お金というのは、あくまでも自分の人生を豊かにするためのもの。それも物質的な豊かさなどではなく、心の豊かさのために使うものだと私は考えています。

ある女性がこんな話をしてくれました。彼女は大手企業に勤めていて、お給料も高いほうです。流行に合わせて新しい洋服を買い求め、おしゃれなレストランで食事を楽しむ。そんな生活を数年も続けてきたのですが、心からの幸福感を味わえないと言うのです。

彼女と同じ職場に、一人の先輩がいました。仕事もできて、いつも凛《りん》とした姿で働いています。憧れの気持ちはもっていましたが、どうも趣味が合わないような気もしていました。その先輩はファッションにはほとんど関心がないようで、いつもジーンズにシャツという姿です。給料を考えれば、もっといい洋服を買えるはずです。どうしてもっと洋服にお金を使わないのだろう。彼女は思い切ってその先輩に聞いてみました。「先輩は、どうしてもっといい洋服を買わないのですか。私よりもお金を持っているはずなのに」と。するとその先輩は笑顔で答えました。

「私は本が大好きなの。だから書店に行って、欲しいと思った本を値段を気にすることなく買える。それだけのお金があればいいと思っているの。本は私の人生を豊かにしてくれるけど、洋服は私を幸せにしてはくれないから」

自分の価値観に合わなければ、買えても、買わないという選択があってもいいのです。その先輩との出会いによって、彼女の考え方は大きく変わったと言います。素敵な話だと思います。

お金は自分の心を豊かにしてくれるものに使う。

時々手を抜く

生活の中で、何を大切にし、何をそぎ落としていくかは人それぞれに違います。周りの人にとっては無駄に思われても、自分にとってそれが大切なものであれば、それはそぎ落とす必要はありません。

ただ、あまりにも抱えているものが多いという人もいます。これは絶対にやらなければならない――生真面目《きまじめ》な人ほどそう思い込んでしまうものです。

たとえば、毎朝必ず子どもや夫のお弁当を手づくりしている人がいます。もちろんお弁当づくりが趣味だという人はいいのですが、絶対にこれだけはそぎ落とすことができないと思い込んでいる人もいるでしょう。あまりにも自分に義務を課してしまうと、それはやがてストレスを生むことにもなります。

少し手を抜くことも大事です。たとえば週に一日は「お昼はこれでパンでも買ってね」とお金を渡す。何となく手抜きをしているように負い目を感じるかもしれませんが、子どもや夫にしてみれば「今日のお昼は好きなパンを買える」と、意外と楽しいことであったりするのです。

あまり自分を追い詰めないで、時々は手を抜いてみましょう。手を抜いたことで何らかの支障が出たなら、そのときにまた従来通りに戻せばいい。手を抜いても何も変わらないのであれば、それはやらなくてもいいものと考えるわけです。

手を抜くという行為は悪いことだと思われがちですが、そうではありません。すべてのことを完璧にするなど無理なことです。大切なことは、手を抜いていいものといけないものを「仕分け」することだと思います。

「やらなければいけない」とがんじがらめになって、
ストレスを溜めないようにしましょう。

年中行事に振り回されない

現代の日本では、毎月のようにさまざまな行事が行われています。バレンタインデーやハロウィン、また〇〇の日などと次々と行事がつくられています。それらを楽しめる人にとってはいいことでしょうが、中にはやりたくもないのに参加させられている人もいるのではないでしょうか。バレンタインデーだからといって、会社の人に「義理で」チョコを配る。もらったほうもホワイトデーには「義理で」お返しをする。お互いに苦痛なのであれば、やめてしまうということです。

年中行事とはそもそも、それに価値を見出す人が参加してこそ楽しいものになるのではないでしょうか。世間の流れに合わせて、誰もが行事に参加しなければならないものでもありません。「クリスマスはカップルや家族で過ごすもの」という刷り込みに縛られて、「今年もクリスマスなのに独りぼっち」などと、気に病む必要もまったくないと思います。

私はクリスマスの日に、特別なことをしません。それは何も、私が僧侶だからではないのです。別に仏教徒であっても、もしも参加したいという気持ちがあれば、クリスマスパーティーに参加することもできます。ただ、自分自身がそこに楽しさや価値を見出せないだけの話です。日本中で行われている年中行事に参加をしようとすれば、それこそ年中《ねんじゅう》、行事だらけになってしまうでしょう。そんな忙しさは勘弁《かんべん》してほしいという気持ちです。

世間の行事に目を向けるより、自分だけの行事を大切にしましょう。家族だけの年中行事をつくったり、何でもない一日を楽しんだり、自分だけの記念日を大切にすること。そんな行事が一年に三度もあれば十分です。

記念日や行事は、自分で決めてもかまわない。

立ち居振る舞いを整える

先日電車に乗っていると、前の席に若い女性が座りました。素敵なファッションを身にまとい、見た目も美人でした。ところがその女性は席に座るやいなや、ハンドバッグから化粧道具を取り出し、いきなり手鏡でお化粧を始めたのです。どこでお化粧をしても自由です。それを責めるつもりはありません。自分の娘や教えている学生であれば注意するでしょうが、他人に対して注意することでもない。ただし、これだけは伝えてあげたいと思います。「あなたのその振る舞いは、けっして美しいものではありませんよ」と。

美しくなるためにおしゃれをするのは、素晴らしいことだと思います。しかし、そのおしゃれを勘違いしている方が多いこともまた事実です。本来のおしゃれというのは、美しい立ち居振る舞いを心がけることなのだと思うのです。

美しい立ち居振る舞いを心がける。それがすなわち心の美しさへとつながっていく。仏教では、立ち居振る舞いを整えることがすなわち、仏法を会得《えとく》することの入口だと教えています。表面的なおしゃればかりにとらわれないことです。表面的な美しさは、家に帰ってお化粧をとった瞬間に色褪《いろあ》せてしまいます。

「形直影端」（かたちなおければかげただし）という禅語があります。「身体の姿勢が美しければ、その人の影もおのずから美しいものになる」という意味です。影というのはその人の心を表わすもの。立ち居振る舞いの美しい人は、そこに映し出される心の影も美しいものです。さて、あなたの立ち居振る舞いは美しいでしょうか？

容姿や服装よりも、
振る舞いにこそ美しさは表れます。

ときには大声を出す

私たち僧侶は、毎朝のお勤めとしてお経をあげます。読経《どきょう》というものです。そして読経のさいには、何百人という大人数で一斉にお経をあげる場合はまた別ですが、通常であれば誰もが大きな声を出しています。何人もの僧侶が大きな声でお経をあげるのですから、その場にいる人にはうるさく感じるほどかもしれません。

何もそこまで大きな声を出す必要もないと思われるでしょう。また実際に、大きな声で読経をしなければいけないという決まりもありません。それでも僧侶たちは大きな声でお経をあげている。それは、大きな声を出すことが心地よいからなのです。

日々の生活の中では、大きな声を出すことなどありません。まして僧侶という立場にいますから、たとえ心の中がざわついたとしても、できる限り静かな口調を心がける必要があります。そうした少しのストレスを、朝の読経で大きな声を出すことによって発散しているという部分もあるのです。

みなさんも日々の中で、大声を出すことはあまりないと思います。ですが、ストレスが溜まったときには、大きな声で叫んでみてはいかがでしょう。会社の中や街中で大声を出すわけにはいきませんから、誰もいない山や海に向かって叫んでみる。それが無理なら、カラオケボックスでもかまいません。心の中にあるうっぷんを大声で叫んでみることです。

自分自身に向かって「頑張れ」と言ってあげる。「よし、やるぞ」と自分を鼓《こ》舞《ぶ》したりする。あるいは誰かに対する文句の言葉を叫ぶのもよし。とにかく心に溜まっているゴミを吐き出すことです。意味が分からなくても、お寺に行って読経することもいいでしょう。この大声を出すという習慣は、意外と心を軽くしてくれるものです。

ただし、大きな声で怒る、大きな声で言い争いをするなど、誰かに対して大声を出すことは慎《つつし》むべきです。誰かに向けられる大声は、その感情をますます高めることになります。もしも叱ったり注意したりする必要がある場面では、大きな声で叱るのではなく、穏やかな声で叱ること。それは相手のためだけでなく、自分自身のためでもあるのです。

大声を出すとストレス発散になる。
けれども大声で叱るなど、人に向けるのはいけない。

手紙を書く

メールやSNSが主流の時代、手書きで手紙を書く機会もなくなりました。もちろんメールは便利なものです。しかし、そこには落とし穴があるような気が私にはするのです。メールでは伝わらないことがあるし、メールで伝えてはいけないことがある。たとえば相手との関係がこじれて、メールで感情をぶつけることがあるでしょう。「もう、あなたとは今後会いたくはありません」。たった一行のメールを打ち、すぐさま送信ボタンをクリックする。クリックした瞬間にそれは相手のところに飛んでいく。わずか数秒で関係が壊れてしまうことになるのです。

かつて手紙が主流だったころ。誰かに対して怒りの感情が湧いたら、「もう、絶対につき合いたくない」と、それを手紙に書いたものです。手紙を書き終えると、切手がないことに気がつく。今日はもう郵便局が閉まっているから、明日の朝に切手を買って出そう。そう思ってその日は眠りにつきます。手紙に怒りを吐き出したことによって、夜には少し感情が穏やかになっています。

そして翌朝、郵便局へと出かけます。そして切手を買って封筒に貼る。郵便ポストの前に立ったとき、出すことをためらう自分がそこにいます。「まあ、急いで出す必要はないか。考えてみれば自分にも悪いところがあったかもしれない」。自分をふと振り返る時間。そんな時間のおかげで、一つの人間関係を失わずに済むこともあるのです。

自分の心が逡巡《しゅんじゅん》する時間。そんな時間はとても大事だと思います。その時間こそが自分を成長させてくれる、私は今でもそう思っています。人間の心とは、けっして瞬時に伝えられるほど浅いものではないのです。

相手に伝える前に、
一呼吸置いてみましょう。

一〇〇日間続けてみる

新たに自分の生活に取り入れたいと思うものがあれば、そしてそれが自分の生活を豊かにしてくれるものであるならば、とにかく三日続けてみることです。三日坊主という言葉もあるように、まずはそこを乗り越えることです。そして一〇日間何とか続けられたら、今度は頑張って一か月続ける努力をする。この段階では、まだまだ習慣として身についてはいません。さらに続けて一〇〇日も過ぎれば、それは身体に染みついた習慣となるのです。習慣になってしまえばもうこっちのものです。とにかくそれをやらないと身体が落ち着かなくなってくる。僧侶が行う朝のお勤めも同じです。今日はやりたくないとか、お勤めが面倒だとか、そんな考えは微塵《みじん》も浮かびません。何も考えなくとも、身体が勝手に動いてしまう。これは生活スタイルだけでなく人間関係にも言えます。

人づき合いが苦手だと思っている人がいるのであれば、とにかく毎朝会社で会う人みんなに「おはようございます」と大きな声で挨拶をしてみてはいかがでしょうか。最初は気恥ずかしさもあるでしょうが、とにかく一〇〇日間続けてみてください。だんだんと、挨拶をしないと気持ちが悪いと思うようになってくる。初めのころは挨拶をされたほうも驚くかもしれませんが、一〇〇日もすればそれが当たり前になってくる。そしてやがては「あの人は毎朝元気に挨拶をしてくれる。あの人の声を聞くと元気になるな」と相手が思うようになる。そうなれば、自然とあなたの周りにはたくさんの人が集まってくるようになるでしょう。

さらに言えば、心地よい習慣は周りに伝染していくものです。あなたがつくった良い習慣を、周りの人にも分けてあげるとよいでしょう。

とにかく一〇〇日続けてみましょう。

やらないと落ち着かない、となればこっちのものです。

第二章

手放して、整える

風景を雑然とさせない

昔からある一定の修行を終えた僧は、さらに自らの修行を進めるために、山奥に籠《こも》って修行を積むことを理想としてきました。俗世間を離れて、ただひたすら修行にのみ専念をする。これが基本です。どうして山に籠らなければいけないのでしょう。市井《しせい》の家では修行に集中できないということだと思います。

家の中にいれば、いやがおうでも生活するための道具が目に入ります。何かが目に入れば、どうしても人間はそちらに気を取られてしまう。お茶碗が目に入ればば、食事のことをつい考えてしまう。ところが山の中にいれば、目に入るものは木々や川の流れだけです。いわゆるいらぬものがいっさい目に入ってきません。心がとらわれることなく修行に集中できます。

私たちが、日々を暮らす部屋の中もそうだと思うのです。部屋の中に溢れんばかりの物が置かれている。そのような部屋で毎日暮らしていると、常に頭の中に雑多な物事が入り込んでしまうのではないでしょうか。大好きな物に囲まれて暮らすのも楽しいでしょう。ただし、すべての部屋を物で埋め尽くさず、何も置かないシンプルな部屋をつくっておくことです。心を落ち着かせたいときや、考え事をしたいときには、そこで静かに考える時間を持てます。

もしも部屋数に余裕がないのなら、何もないシンプルな空間を一か所つくりましょう。部屋の隅に小さなデスクを設え、その周りだけは何も置かない状態にしておく。デスクの上に置く物も最小限に留めて、静かに集中できるスペースをつくってみてはいかがでしょう。心の逃げ場所、あるいは心の休息場所とでも言うのでしょうか。そんな空間が人間にとっては必要なのです。

何もない空間が、
頭や心の中を整理させてくれます。

空間を埋めない

禅寺の玄関にはよく「脚下照顧《きやっかしょうこ》」あるいは「照顧脚下」という文字が書かれています。これは「履物《はきもの》を揃《そろ》えてください」という意味ですが、その奥にはさらに深い意味があります。たとえば、自分が履いてきた履物を脱ぎ散らかしている。または玄関に何足もの靴が散らかっている。それはすなわち、その人やその家に住む人の心の中が整っていない、と禅では考えているのです。

これは履物に限ったことではありません。たとえば仕事をするデスク。あなたが使っているデスクはきれいに整頓されていますか。仕事ができる人のデスクは、一様に美しく整理されているものです。仕事の最中には書類などで散らかることがあっても、帰るときには見事に片づいている。つまり、デスクが整理されているということは、自分のやるべき仕事が頭の中で整理されているということでしょう。

あなたの生活の中でスペースが生まれたら、「物の置き場所ができた」とばかりに、そこを埋めようとしてはいないでしょうか。何もないテーブルには、一輪挿しの花を置くだけでいい。そのスペースに新聞や雑誌、お菓子などをやたらに置かないほうがよいでしょう。

空いたスペースを見つけるたびに、そこに物を置いて埋めていく。そんな行為が家の中を雑然としたものにしていくのです。そしてその雑然の中で暮らしていることで、いつしか自分の心さえも雑然としていってしまいます。

空いたスペースは、埋めるためにあるのではない。そのスペースがあればこそ、心の中にも余裕が生まれるのです。

心に余裕をもたらすために、
空間にも余裕を。

まずは一つだけ手放す

部屋の中を見回してみてください。そこにある物は、ほんとうに必要な物でしょうか。一度しか袖を通していない服、似たようなデザイン・用途のバッグ。何とか整理をしたいとは思っていても、なかなかそれらを捨てることができない。

あなたの部屋は、あなたの心を映す鏡のようなものです。もしもあなたの部屋に不要な物がたくさんあるとすれば、それはあなたの心が不要なもので溢れているということ。心の中に欲望や執着心や嫉妬心などが詰まっているということ。

まずは、あなたの持っている不要な物を一つだけ手放してみてはいかがでしょうか。たとえば二〇個バッグを持っていて、そこから五個を手放しなさい、というのは難しいことでしょう。でも、一個ならば何とか手放すことができるのではないでしょうか。洋服を一着だけ友達にあげてみる。バッグを一つだけ手放してみる。一つだけでいいとなれば、意外とできたりするものです。

そして、そのたった一個が実は大きな意味を持っています。

二〇個のバッグのうちの一個。それは数としては小さなものですが、その一個を手放すことで、「必要だと思っていたけど、いらないものだった。私にも手放すことができた」と少しだけ心が軽やかになるものです。その小さな自信があなたの生き方を大きく変えてくれます。

執着心から解き放たれる清々しさ。それを知ることで、これまで抱えていた欲望が少しずつ減っていく。「もうこれ以上はいらないな」――そう思えたとき、あなたの心には余裕と満足感が生まれてくるのだと思います。

小さな一歩が

大きな変化を生むことがあります。

物の定位置を決める

禅の修行のときには、大きなお寺になると何百人もの人間が共同生活をすることになります。雲水と呼ばれる修行時代には、それぞれに与えられる生活のスペースは畳一畳分ほど。その中で寝起きをし、食事もいただくわけです。与えられるスペースが狭いですから、ほとんど私物は持ち込むことができません。生活に必要な物のほとんどは共同で使います。たとえば雑巾一枚にしても、みんなで共有しながら使う。誰か一人が雑巾を占有してしまえば、他の人は使うことができません。ですから、すべての物はどこに置かれるかが決まっていて、使い終わったらすぐに元の場所に戻す。そういう習慣が身についているのです。私は今でもこの習慣が身についていますから、探し物をすることはあまりありません。何がどこにあるかはすべて頭の中に入っているのです。探し物をする時間ほど無駄な時間はありません。

一つ一つの物の定位置を決める。そして使い終わったらすぐに元の場所に戻す。そんな習慣を家庭の中でもつけることが大事です。

家族がそれぞれに自分だけの物を持つのではなく、もっと意識的に、家族で共有するようにしてもいいのではないでしょうか。ハサミにしても、一人一本ずつ持っている必要はありません。家族で一本あれば十分でしょう。一人に一つという発想をやめて、家族四人で一つという発想に切り替えるのです。そうすれば、いろんな物が四分の一に減らせます。そして共有のスペースをつくり、物の定位置を決めるようにする。使ったらすぐに元に戻す。そんな生活習慣をつけることが、子どもたちのためにもなるのではないかと私は考えています。

道具は共同で使う。
複数を持たない。使ったら戻す。

家の中にパワースポットをつくる

パワースポットと言われる場所が日本各地に点在しています。ちょっとした流行になり、各地のパワースポットはいつも賑《にぎ》わっているようです。確かにそういう場所は浄化作用がとても強く、そこに佇《たたず》んでいるだけで心が穏やかになるものです。できるならば、そのような場所を訪れてみることをお勧《すす》めします。

どうしてパワースポットに行くと心が穏やかになるのか。それはその場の持つ力もありますが、それよりも自分自身が無心になっていることが重要なのです。すべての執着心や妄想などを払いのけ、何も考えない時間を持つ。そんな状態になることで、心が洗われていくのです。ほんの三〇分でも無心になる時間を持つこと。そこにこそパワースポットの意味があるのです。

ということを考えれば、何もパワースポットに出かけなくても、自分の家の中にそういう場所をつくればいいのです。庭の片隅に、自分が好きな草花を植えて、自分だけのパワースポットにしてみる。もしも庭がないのであれば、部屋のベランダに設えてもいい。ほんの小さなスペースで十分なのです。

私がよくお勧めしているのは、箱庭をつくるということです。五〇センチメートル四方くらいの箱を用意して、その中に自分だけの庭をつくってみる。花を植えるのが大変であれば、砂を敷き詰めて、その上に気に入った石を置いてみる。枯れ木などを拾ってきて、それを箱庭の中に設えてみる。まさにそれは「枯山水」と言われる、日本に古くからある庭に似ているでしょう。

自分だけの箱庭をつくって、何も考えず、ただ箱庭の中に心を遊ばせてみてください。それもまた、立派なパワースポットだと私は思います。

無心になれる、
自分だけの小さな庭をつくりましょう。

朝の時間を大事にする

朝の空気というのは澄みきっています。たとえ都会の真ん中であっても、朝の空気だけはきれいに澄んでいます。昨日の汚れがリセットされたように、清々しい空気が街を包んでいます。その朝の空気を胸いっぱい吸い込むことは、心身ともにとても良いことです。毎朝少し早起きして、部屋の窓をいっぱいに開けてみる。できるならば家の外に出て澄んだ空気を思いっきり吸ってみる。それだけのことで、一日の始まりは善《よ》きものになると私は思っています。

夜になればさまざまな心配事が頭を過《よぎ》ります。一日の出来事を振り返り、思わず感情が高ぶることもあるでしょう。感情の高ぶりや心配事は、夜のフィルターを通せば大きくなるばかりです。もしも夜に心配や不安に襲われたら、「明日の朝に考えよう」といったん保留にしてしまいましょう。そして翌朝に考え直してみれば、そのほとんどは大したことではないと気づくものです。

ある生理学のドクターがこんな話をしていました。赤ん坊は夕方になると泣き出すことが多い。それは、暗くなっていくことに対する不安な気持ちの表れなのだそうです。

人間というのは、太陽が昇るとともに活動が始まる。朝の空気を吸い込むことでやる気が出てくる。そういうふうにできているのです。だから僧侶の修行の多くも朝に為されているのだと思います。私はいつも四時半には起床します。そこまで早起きする必要はありませんが、明日の朝、いつもより一〇分だけ早起きしてみませんか。そして、朝のきれいな空気を胸いっぱいに吸い込んでみてください。気持ちがいいですよ。

夜よりも朝活動する時間を増やしたほうが、気持ちのいい毎日を過ごすことができます。

真っ白な一日をつくる

私たち僧侶は修行生活中、御法要などを除き、一日にやるべきことをほとんど午前中に済ませるようにします。また、晩課という夕方のお勤めからの時間は、基本的に何をしてもよい自由になる時間です。お経の勉強に勤《いそ》しむ者もいれば、作務衣の簡単な繕《つくろ》いをする者もいます。わずかな時間ではありますが、自由なひとときが持てます。何をしてもよいというこの時間。実はこの自由時間こそ、自分自身が試されている時間なのです。その時間に何をするか。どのように自己と向き合うか。何を学び、何を感じ取るか。それらが試されるときでもあるのです。

こうした空白のような時間を持つことは、自身を見つめるうえでもとても大事なことです。みなさんも一か月のうち一日は、何も用事のない空白の日をつくってみてはいかがでしょうか。明日の予定は何もない。さて、明日はどのようにして過ごそうか。何をするのも自由です。

もっと言うなら、何もしない一日でもいいと思います。ただ部屋の中でぼーっと過ごす日があってもいい。心地よい時間がそこに流れているのなら、何かを無理にすることもないでしょう。そんな空白の時間の中に身を置くことで、忘れていた自分を取り戻すことができたりもします。気づかなかったことに気づくきっかけにもなります。つまりは自分自身と向き合うということなのです。

丸一日空白にするのは難しい、という人も、一日の中で空白の数時間をつくることならできるのではないでしょうか。自分だけの自分独りの自由な時を意図的に設ける。自分を試す時間が人間には必要なのです。

何もない一日をつくり、
自己と向き合ってみてください。

テレビをつけっぱなしにしない

今では一つの番組が終わるとすぐに次の番組が始まり、いかにもおもしろそうな映像が流れます。これはテレビ局としては観てもらわなければ視聴率も上がらないわけですから、何とかしてテレビを消されないように工夫をしているのでしょう。しかし、テレビ局の人には申し訳ないですが、視聴者としてはテレビを消す習慣をつけるほうがよいでしょう。観たい番組を自分が主体となって選び、自分が観たいと思う番組だけを観るようにする。大しておもしろいとも思わない番組をだらだらと観ている時間があるのなら、その分を睡眠時間に回すほうがよほどいいと思います。

また、家の中ではいつもテレビがついていて、テレビの話題を通してしか夫や子どもと話すことができない。それもさびしい家族関係だと思います。ときにはテレビを消して、目と目を合わせながら会話をすることも必要です。たとえ意見がぶつかり合ったとしても、それが互いの関係を深めてくれることになります。テレビを通しての会話からは、深い関係は育まれないと私は思っています。

また、独り暮らしの人であれば、ついさびしさを紛《まぎ》らわすためにテレビをつけたりしていることもあると思います。テレビから音が流れているだけで安心したような気分になるのでしょう。しかし、その安心はテレビのスイッチを切った瞬間に消えていくものです。

テレビでさびしさが紛れることはありません。テレビを消して静寂の中で自分の心と向き合い、さびしさに打ち勝つことでしか、そのさびしさは解消しないのではないでしょうか。

支配されないようにしましょう。テレビに時間を

今日やるべきことだけを考える

「一日不作一日不食」(いちにちなさざれば、いちにちくらわず)という有名な禅語があります。この言葉はよく「働かざる者食うべからず」という意味に捉えられがちですが、本来の意味はそうではありません。

人はそれぞれに役割を持っています。父親としての役割、母親としての役割、部長としての役割、営業マンとしての役割……誰もが自分に与えられた「為すべきこと」を持っています。それらを日々にやっていくことの大切さを説いているのです。

日々の生活に追われていると、いろんなものが溜まっていきます。今日やるべきことができなかった。それを明日に持ち越しているうちに、どんどんやるべきことが溜まっていく。あるいは仕事は何とかこなせていても、家庭のことに関してはやるべきことができていない。家族に対して申し訳ないと思う気持ちが募《つの》る……などです。

しかし現実的には、一日の時間は限られています。一日ではとても終わらない仕事を指示されることもあるでしょう。子どもの食事をつくれない日もあるでしょう。それは仕方のないことです。であるからこそ、これだけはやろうというものを自分の中に持っておくのです。たとえば、どんなに忙しくても、子どもが朝起きたときには、「おはよう」と言ってしっかりと抱きしめてあげる。それは心がけ次第でできることです。無理をするのではなく、何があってもできることを、自分の生活の中に一つもっておく。それはきっと小さな心の支えになっていくと思います。

そして仕事にしても、もしも明日に持ち越すことがあったとしても、心まで明日に持ち越さないことです。「昨日やるはずだった仕事が残っている」――そう考える人がいます。現実にはそうかもしれません。しかしそう考えるのではなく、「これはやり残した仕事ではなく、今日やるべき仕事なのだ」と考えること。同じ仕事をするにしても、やり残したものと今日やるべきものとでは心の受け止め方が違ってくるものです。第一、「昨日できなかった」と悔やんだところで、もう昨日に戻ることはできません。今日という新しい一日はすでに始まっているのですから。

できなかったことを悔やまない。
今日できることを考える。

後でやろうと思わない

禅の考え方には「今」という時間しか存在しません。

今を大事にすることとは、すなわち即行動に移すということ。今やるべきことを明日に延ばさない。要するに「後回し」にするという発想がないのです。

人間にはつい、物事を後回しにしようとする癖《くせ》があります。絶対に今やらなければいけないことはやるのですが、今やらなくてもいいものについては、何となく明日でもいいやと考えてしまう。大したことではないものであっても、後回しのものが増えすぎると、二進《にっち》も三進《さっち》もいかなくなってきます。片づけなどもいい例です。

毎日片づける習慣をつけておけば、ほんの少しの時間で片づけは終わってしまいますが、「後で片づけよう」と溜めておくと、やがて部屋の中は散らかり放題になってしまう。「後でやろう」と思う。その「後」は、ほとんどの場合、具体的な時間が決まっていません。つまり「後でやろう」と思ったことのほとんどは、結局はやらないままになってしまうのです。

特に仕事の中で「後回し」をつくってしまうと、ちょっとした失敗であっても、時間が経ったことで、取り返しのつかないほど大きな問題になっている。そのような事態もあり得るでしょう。片づけにしても仕事にしても、すぐにやれば大したことではありません。すぐに行動すれば簡単に終わってしまうものが多い。しかし、それを放っておくことで、どんどん物事は大きくなっていきます。つまり「大変さ」を生み出しているのは、実は自分自身だということ。禅即行動。これがあなたの心を軽くし、あなた自身を助けることにもなるのです。

「後回し」を増やしていると、
どんどん重くのしかかってきます。

遠くばかり見ない。足元を見る

「竹有上下節」（たけにじょうげのふしあり）という言葉があります。

ご存じのように竹には節があります。この節があるからこそ、竹は真っ直ぐに長く伸びることができる。私たちの人生も、そのようなものだと思います。

たとえば仕事において、一か月でこれだけの仕事を完成させるようにという指示を受ける。目の前に示された仕事量は多く、はたして一か月後に完成させることができるだろうか、と不安と心配が一気に襲ってきます。その不安に打ち勝つ方法はただ一つ。一か月後のことなど考えないことです。とにかく今日一日、できることをやる。コツコツと今日一日を頑張ればいい。一日という節を積み重ねる先に、一か月先の自分がいるのです。

人生の坂もまた、一気に上り詰めることなどできません。かと言って、常に後ろばかりを振り返っていれば、自分の歩みがいかにも遅いように感じてしまうでしょう。後ろを振り返ることなく、ひたすらに一歩、また一歩と歩を進めていくことが大事なのです。「〇〇歳ごろの自分はこうなっていたい」と言う人がいます。理想を抱くのは悪いことではありませんが、今日という足元を見ないで、遠い将来ばかりに目をやるのは、上り始めてもいない長い階段を前にして、一歩も動かずに佇んでいることと同じなのではないでしょうか。

たとえば、「いずれは起業して独立したい」と思っているなら、今いる会社で自分にできることは何か、今日の自分の働きは利益を生み出しているだろうか、そう考えて一生懸命仕事をする。そういった一歩一歩こそが、あなたの人生をつくっていくのだと思うのです。

「将来の自分」は、
「今日の自分」の積み重ねです。

何もしない時間を持つ

忙しさには二種類あります。一つは一定の時間の中でやらなければならないこと。たとえば一時間でこの作業を終えなくてはいけない、午前中にこれだけのことをやらなければいけない、といった忙しさです。こういった忙しさは、あまり心に負担をかけることはありません。なぜならば、とにかく目の前の作業に没頭さえしていれば、確実に終わりが見えるからです。その忙しさからは確実に解放されるときがきます。

厄介なのが、もう一つの忙しさです。あれもやらなければ、これもやらなければと「やらなければいけないこと」に頭の中を支配されて、常に何かに追われているような感覚。きっとこういう感覚を持っている人も多いでしょう。それは現代特有のものかもしれません。

そんな心の忙しさを解消する方法があります。それは「何もしない」という時間をつくることです。一日の中で、たとえ一〇分でもいい。何もしないでぼーっとする時間をつくること。そんな余裕はない、と言われるかもしれません。しかしよく考えてみてください。一日の中で一〇分をぼーっとする時間に使ったとしても、ほとんど状況が変わることはありません。その一〇分のせいで仕事が遅れるということもそうないでしょう。

朝起きてすぐに身支度にとりかかるのではなく、少しだけ外の景色を眺めていてもいい。昼食を食べ終えた後の一〇分、会社までの帰り道を歩きながらでもいい。独りきりの時間をつくり、何も考えないでぼーっとしてみる。忙しいということさえも忘れるような時間、そこに心を遊ばせてみることです。

一日一〇分、意識的に「ぼーっ」としてみましょう。

一日の終わりにいったんリセットする

一日の終わりには、すべてのことを心から追い出し、すっきりとする時間を持つこと。私の知り合いに、こんな女性がいます。彼女は会社でも大切な仕事を任され、家に帰れば家事と子育てに追われています。時間はいくらあっても足りないし、考えなければいけないことが山ほどあります。そんな日々の中で、彼女は欠かすことのできない習慣をつくっているそうです。

夜になって家事も終わり、夫と子どもが眠ってしまった後、そこですぐに自分も床につくのではなく、必ずリビングのソファーに座って、大好きな本を読むという習慣をつけているのです。シーンとした部屋の中で、仕事や家事のことは心から追い出して、読書をすることに集中する。

とはいえ、いくら読みたいと思っていても、疲れているのですぐに眠気が襲ってきます。二ページも文字を追っていれば、たちまちうたた寝をしてしまう。どうせソファーで眠ってしまうのだから、早くベッドで眠ったほうがいいと思うのですが、彼女は相変わらずソファーでうたた寝をします。

実はこの時間こそが、心を切り替える大切な時間になっているのだと思います。すぐにベッドに入れば、きっと日々の考え事が襲ってきます。しかし、少しの間独りになってうたた寝をすることで、一日がリセットされていく。それは彼女にとって、坐禅を組んでいることと同じなのでしょう。大好きな写真集や詩集が、『般若心経《はんにゃしんぎょう》』の代わりになっているのかもしれません。心を切り替える自分だけの時間と場所。それをつくることで、また新しい一日を頑張ることができるものです。

区切りをつけることで、
また新しい一日に向かうことができます。

遅刻をしない

私は若いころから、約束の時間に遅刻をしないことを心がけてきました。約束の時間の一五分前には目的地に着くように家を出ます。

一五分も前に着くことなど、時間の無駄だと思う人もいるでしょう。しかし、一五分前に着いたなら、コーヒーを一杯飲みながら心の準備をすることができる。それはけっして無駄な時間ではありません。第一、一五分早く家を出ようとすれば、それまでの準備をテキパキとこなさなければなりません。やるべきことを一五分早く終えるようにする。そちらのほうが効率的だと考えるのです。

時間に追われることなく余裕をもって行動すれば、心にも余裕が生まれます。たとえば駅まで歩いて一〇分。早足で歩けば八分前に家を出ても間に合います。しかし、急ぎ足で歩いていれば、知り合いに会ったとしても「こんにちは」の一言も言う余裕すらない。結局は気づかないふりをすることになります。あるいはゆったりと歩くことで、道端に咲いている一輪の花に目を留めることもできます。その一輪の花が、心に幸せをくれることもある。それは無駄な時間ではありません。

打ち合わせなどで私のところに来てくださる人たち。もちろん約束の時間に遅れてくる人は滅多《めった》にいません。それでも、約束の時間ぎりぎりに来たのか、それとも少し前に着いて、どこかで時間を潰して来たのか。それは不思議なことに分かるものです。時間に余裕をもって来た人には、どこか余裕が感じられます。それはきっと、打ち合わせの準備は万端だという自信があるからでしょう。そしてそういう人との仕事はすんなりと進んでいく。そういうものだと私は思います。

五分、一〇分を惜しんで、知らずに失うものもある。

二つのことを同時にやらない

私が高校生だった昔のこと。「ながら族」という言葉が流行しました。これは受験生が「ラジオを聞きながら勉強をする」ことから言われ始めた言葉です。この「ながら」習慣が、現代では当たり前のようになってきました。昼食を食べながら仕事の資料を読む。イヤホンで英会話を聞きながら新聞を読む。一見すると効率的に時間を使っているように見えますが、この「ながら」習慣が、いつの間にかストレスの原因になっているような気がするのです。

禅の考え方は、一度に一つのことだけに集中すること。同時にいろんなことをやるのではなく、とにかく一つ一つのことに向き合っていくことです。

食事をしながらテレビを見たり、新聞を読んだりするということは、食事に集中していない、すなわち食事を楽しんでいないということです。仕事の時間は仕事に集中してきっちりやる。食事の時間は食事を心から楽しみ、存分に味わう。そのように一つ一つのことに向き合って区切りをつけていくことが、実はストレスを発散してくれるのだと私は思っています。

二つのことを同時にやることが効率的なことだとは私には思えません。効率的に見えても、結局は一つ一つの作業に集中したほうが時間は短縮されるものです。なぜならば、二つ以上のことを同時に進めれば進めるほど、物事は複雑になっていくからです。同時に二つのことを考えながら作業をしていたら、注意力も散漫になって、ストレスも増えていくでしょう。一つだけに集中すれば、作業も頭の中もシンプルになるものです。

仕事のときは仕事に集中し、
食事のときは食事を心から楽しむ。

メールチェックに時間をかけない

中国の唐の時代。有名な趙州《じょうしゅう》禅師が時間の使い方について語っている話があります。ある僧が禅師に問います。「禅師さんは忙しいと思われるのですが、どうしていつもゆったりとしているのですか」と。すると禅師は「汝《なんじ》は一二時間に使われ、老僧は一二時間を使い得たり」と返すのです。一二時間というのは今でいう二四時間のことです。

「あなたは一二時間という時間に使われているのです。私は主体的に一二時間を使い切っていますから、同じ一二時間でもあなたの時間と私の時間は違うものなのです」。つまり時間に追われている人というのは、時間に使われている人。自分が主体となって時間を使っている人は、時間に追われることはないのだと教えているのです。

私のところには一日に五〇通を超えるメールが入ってきます。ざっと目を通し、必要に応じて返信をするだけでも一時間近く時間を取られることもあります。これらすべてに対応をしていれば、それこそ他の仕事ができなくなります。

そこで私が実践しているのは、メールのチェックは一日に三度だけにするということ。そしてすぐさま重要性を見極めます。五〇通のメールの中で、すぐに返事をしなければならないものはほんの数通に過ぎません。その数通のメールにだけは十分な内容の返事を書き、その他は申し訳ないと思いますが、簡単な返信を書きます。そうすることでメールに関する時間を短縮しているのです。

せわしい現代。まずはメールやSNSとつき合う時間を減らすことです。それだけでも、きっと心が軽やかになるはずです。

時間に使われない。
時間を使う人になる。

全部自分でやろうとしない

どんなことでも、全部自分でやらなければ気が済まないという人がいます。とにかく誰かに任せることをせず、一から十まで自分でやろうとする。

たとえば、子どもの面倒を全部みようとする母親がいます。明日の時間割を揃えてあげる。どの服を着たらいいか選んであげる。どんな習い事をしたらいいか決めてあげる。一見優しい母親のように見えますが、ほんとうは子どものためではなく、自分のためにやっているように思えてなりません。しつけのできていない子どもだと周囲に思われるのがいやだ、とか、変な恰好で外に出て、近所の人に見られたら恥ずかしい、といったようなことです。要するに自我の強さがそこには見え隠れするのです。

仕事にしても同じ。部下や同僚のことをいつも助けようとする人がいます。あれこれと面倒をみたり、聞かれてもいないのにアドバイスをする。これも一見すると親切なことのように見えますが、結局は自分のやり方や考え方を押しつけているのではないでしょうか。

子育てにしても仕事にしても、すべてを自分の力で何とかしようと思う。それは結局、自分を苦しめることになるでしょう。すべてを抱え込むことなど到底できるものではないからです。いろんな人にいろんな物事を分担してもらって、互いに助け合いながら負担を分け合っていけばいいのです。

自分がやるべきことはここまで、そう決めてしまうことです。それ以上は、相手が望むならやってあげる。望んでいないのなら放っておく。そうすることで自分自身の心が軽くなるばかりか、相手の心も解放されるものです。

負担を分け合うことで、
お互いの心が軽くなります。

優先順位を決めておく

私は横浜にある建功寺の住職を務めておりますが、その他にも多摩美術大学でも教鞭《きょうべん》をとっております。「禅の庭」のデザイン依頼は世界中から舞い込んできますので、海外に出かけることもかなり多い状態です。その他に本の執筆や講演など、時間がいくらあっても足りず、優先順位をつけながらこなしているわけです。

優先順位というものは、人生の時期によって移り変わっていくものだと思います。たとえば家事と仕事を両立させている方の場合。家事に手抜きをしても、仕事を優先させなければならない時期もあるでしょうし、仕事は二番目で、子育てを第一に考えなければいけない時期もあるでしょう。または、ご両親のどちらかが身体を悪くしたので、少しでも家にいてあげたい時もある。

仕事も家事も子育ても、とすべてを完璧にこなそうとせずに、「今は仕事を最優先にする」「子どもが小学校に入るまでは、子育てを一番に考える」など、自分の中で決めてしまうことです。もちろん二番目以降を蔑ろにするということではありません。とにかく最優先事項に集中すること。そして一番のものが終われば、次に二番目にとりかかればよいのです。一番目を中途半端なままにして二番目をやろうとすると、いつも不満足感だけが残ってしまいます。そしてその優先順位は日ごとに変わってもいい。今日は仕事が優先。明日は家庭が優先。心のメリハリが、生活のリズムを整えてくれるのだと私は考えています。

また、子育てを優先して仕事はやめてしまった、という方も、仕事も子育ても頑張っている人と比べて、自分は楽をしている、などと引け目に感じることはないと思います。何を優先するかは、人それぞれなのですから。

「自分はこれを優先する」と決めたら、
あれこれ迷わないこと。

「いつかやりたいこと」は今日始める

あるとき、お檀家さんの女性と話しているとき、女性がつぶやきました。「私も死ぬまでに富士山の頂上に立ってみたいわ」と。まだ五〇歳にもなっていない女性です。私は言いました。「そう思っていらっしゃるのなら、登ってみてはいかがですか?」と。彼女は答えました。「でも私には山登りの経験もありませんし、所詮《しょせん》は叶わぬ夢なんです」。

やりたいことを前にして立ち止まっている。できないと自分で決めつけている。そんな人が多いような気がします。

山登りの経験のない人が、いきなり富士山の頂上に登ることはできないでしょう。登山のための道具も持っていません。しかし、もしもほんとうに願うのなら、小さな一歩をすぐに踏み出してみることです。まずは富士山の頂上に立っための体力をつける。その日から毎日三〇分のウォーキングを始めてみる。身体が慣れてきたら、今度はハイキングに出かけてみる。そして次には低い山にチャレンジしてみる。そんなことの積み重ねが、やがて富士山へと導いてくれるのです。初めの一歩を踏み出さなければ、何事も始まることはありません。

「思い立ったが吉日」という言葉もあります。何も始めなければ、心残りだらけの人生になってしまいます。もしも富士山に登ってみたいと思ったのならば、その日から行動に移すことです。書店に行って登山の本を求めるのもいい。明日からのウォーキングのためにシューズを求めるのもいい。結果として富士山の頂上に辿りつけなかったとしても、そのプロセスは楽しい思い出として心に残っていくでしょう。

とにかく一歩を踏み出してみる。

第三章

幸せとは、足るを知ること

無心になる

私たち禅僧の生活は、朝のお勤めから始まり、三六五日決められた通りに動いています。私も海外などに仕事で出かけるとき以外は、決められた生活を数十年も営んでいます。

周りの人からよく言われるのが、「毎朝の掃除は大変ですね」「冬の寒い朝のお勤めも大変そうですね」——ということです。確かに他の人から見れば、僧侶の生活は厳しく思えるでしょう。ところがやっている本人にしてみれば、すでに身体に染みついていることですから、きついなどと感じることはありません。

雲水生活のときにも、初めのうちは食事が少ないことや、その他の諸々もみな辛かったですが、次第に修行についていては身体が慣れてきます。身体がその生活に慣れてくると、辛いとか厳しいとか、あれこれ考えることもなくなります。要するに無心の状態になっているのです。

たとえば毎日のように料理をつくり、後片づけをしている方もいらっしゃるでしょう。料理をつくることには楽しさを覚えても、後片づけは面倒なものです。そんな面倒なことを、どうして毎日できるのか。それは、後片づけをしているときに、心が無心になっているからだと思います。

段取りなどを考えなくても、身体が勝手に動いてくれる。実はこうした状態こそが、心をすっきりとさせてくれるのです。

この状態は、実は坐禅を組んでいるときの心もちにとてもよく似ています。坐禅を組んでいるときには、何も考えないように心がけます。楽しいとか苦しいとか、そんなことさえも考えずに、ひたすら無心を求めている。

もちろん坐禅のときにも、いろんなことが頭に浮かんできます。昨日の昼ごはんはおいしかったな、そういえばあの仕事が残っているな、などとつい考えてしまう。それはそれでよいのです。まったく何も考えないことなど人間にはできません。

しかし、ふと浮かんだものをずっと考え続けるのではなく、それをどこかに受け流す。それこそが無心になるということなのです。

一日の中で、無心になる時間をもつといいでしょう。それがあなたの心をすっきりとさせてくれます。

何も考えずに身体が勝手に動いてくれる。そんな時間を持つと心がすっきりします。

一つ一つ、ていねいに為す

シンプルに生きるとは、言葉を換えれば、ていねいに生きることではないかと私は考えています。では、ていねいに生きるとはどういうことかというと、一つ一つのことに対して、ていねいに為していくことだと思います。

たとえば仕事にしても日常のことにしても、一つのことを雑にすれば、その雑がどんどん伝染していくものです。始まりが雑になれば、結局は最後まで雑なまで進んでいきます。これはすべてのことに通じると私は思っています。

「喫茶喫飯」（きっさきっぱん）という有名な禅語があります。直訳をすれば「お茶を飲むときにはお茶を飲むことそのものになりきり、ご飯を食べるときはご飯を食べることそのものになりきる」ということです。つまり、今自分がやっていることに対してのみ心を集中させること。次にくることを考えたりせず、今やっていることだけに思いを寄せること。一つ一つのことを完結させることが大事だという教えです。あなたが日常的に行っていること。その一つ一つを思い起こしてください。料理をつくっているとき、明日の予定を考えながら包丁を握っていませんか。人と話しているときに、他のことを考えていたりしませんか。目の前のことに集中しないで、つい別のことを考えながらやっている。

そんな習慣を少しだけ見直してみてはいかがでしょう。休憩時間にお茶を飲むときには、「ああ、おいしいなあ」と心から思いながら、飲むことだけに集中してみる。料理をするときには、ひたすら料理をすることだけに心を寄せる。今やっていることだけにひたすら目を向け、一つのことをていねいにやる。その積み重ねこそが、ていねいに生きることにつながるのだと思います。

今やっていることに集中しましょう。

その積み重ねが「ていねいに生きる」ことにつながります。

もともと「何も持っていない」ことを思い出す

今、日本人はたくさんのものを持っています。家や車、洋服や靴、趣味に使う道具や生活するための日用品。あるいは会社の中での仕事や地位。給料や貯蓄。数えきれないほどたくさんのものを手に入れ、そしてそれらを失うまいと奮闘しています。一度手に入れたものは手放したくないし、まだ物足りないと思っている。

人間はこの世に生まれてくるとき、何も持たずに生まれてきます。そして旅立つときにも、何も持っていくことはできないのです。それが人間の真実です。

禅語として有名な言葉「本来無一物」（ほんらいむいちもつ）とは、まさに人間の欲望を戒《いまし》めた言葉であるのです。人間は無一物です。しかし、たった一つだけ確かに持っているものがある。それが「命」というものです。今こうして生きている私たちは、いろんなものに囲まれて生活をしていますが、極端なことを言うなら、それらすべてを失ってもどうということはありません。ただ命さえあれば、生きていさえすれば、なくしたものは再び手に入れることができます。

それは物だけではありません。社会的な地位や人間関係なども同じです。たとえば事業に失敗して仕事を失ったとしても、あるいは信頼関係をなくしたとしても、生きてさえいれば誰もがやり直すことができます。「裸一貫《はだかいっかん》」という言葉がありますが、まさにこの裸一貫こそが私たちの本来の姿なのです。

今手にしているものなど、いつ失うか分かりません。ある日突然消えてしまうかもしれないのです。しかし、何かを失ったとしても、自分は何も持たずに生まれてきた、それが本来の自分の姿だと考えればいい。そうすれば、手に入れたものを失うまいとして躍起《やっき》になることもない、そのように思えてきませんか。

人間は本来何も持っていない。
だから手に入れたものに執着しない。

完璧を求めない

禅の世界では、形の完全なものを嫌います。

なぜならば、完全ということはすなわち「終わり」であるからです。そこに真の美しさを求めることはありません。一方で、不完全なものには終わりがありません。延々と続いている。その終わりなきものの中にこそ美しさが宿ると考えられているのです。

禅の修行にも終わりはありません。こうなれば修行がおしまいという着地点はない。もしも命が終わってしまったとしても、それもまた終わりではない。別の世界に移るだけで、修行はそこでも続いていく。そのように考えられています。

人生もまたこれと同じではないでしょうか。完璧な人間、完璧な人生、そんなものがはたしてあるかといえば、答えはノーでしょう。存在すらしないものに完壁を求めていれば、結局は足りない部分にしか目が行かなくなります。「もっと夫の収入が多ければ完璧な夫婦になれるのに」「子どもが受験に失敗していなければ完璧だったのに」——たとえば、そんな願いが叶っていれば、ほんとうに完璧な家庭ができあがるでしょうか。それはそれで、また足りない部分に目が行くのではないでしょうか。

人生というのは、未完成だからこそ歩む価値があるのだと私は思います。少しでも近づきたい目標に近づくために、前に進む努力をする。それでも自分はまだまだだな、と思う。そしてまた歩き出す。その繰り返す日々こそが人生であり、生きる喜びなのではないでしょうか。人生はよくマラソンにたとえられます。付け加えて言うならば、ゴールなきマラソンなのでしょう。

人生にゴールはない。
未完成な毎日を走り続けることこそ人生。

後悔の念に執着しない

「三世《さんぜ》に生きる」という言葉が仏教の中にあります。
「三世」とは過去・現在・未来のこと。みなさんがよく耳にする弥勒菩薩《みろくぼさつ》・釈迦如来《しゃかにょらい》・阿弥陀如来《あみだにょらい》というのは、この三世をそれぞれに象徴している仏様のことです。

人間はこの三世の中に生きているわけですが、その中でもっとも大切なのが現在。それも「今」というこの一瞬こそが重要であるというのが禅の教えの基本です。

たとえば私たちは息をしています。息を吸って吐く。この呼吸をしているのは今ですが、一度吐いた息はすでに過去のものです。今みなさんは本書を読んでいます。そのみなさんが読んだ一行前、それもまた過去のもの。つまり私たちは、今という一瞬の中にこそ生きている。であるからこそ過去を振り返っても仕方がない。来てもいない未来をあれこれ考えても仕方がない。向き合うべきは「今」というこの一瞬だけ。それが禅の考え方です。

後悔の念というのは、生きている限りつきまとってくるものです。大きな後悔から小さな後悔まで、まったく後悔の念を抱いていないという人はいません。それは抜けない棘《とげ》のように、心に突き刺さっていることもあるでしょう。

いっさいの後悔をするなということではありません。「あのときあんなことをしなければよかった」「もっとこうしておけばよかった」――誰もが日々に感じる思いです。その思いをすべてなくすことはできません。しかし、その後悔に執着してはいけない。浮かんでくる後悔を心で受け流し、今という一瞬に心を尽くすべきです。

後悔の棘を抜く方法は二つあります。

一つは過去を真摯《しんし》に反省し、同じ後悔を生まないようにすること。もしも誰かを傷つけたのであれば、与えた傷以上にその人に尽くすことです。もしもやり直せることがあるのなら、今度こそは後悔をしないように努力をすること。

そしてもう一つの方法は、刺さった棘が自然に取れるのを待つことです。時が解決してくれる後悔もまた、人生の中にはあるように私は思います。

過ぎた過去にとらわれない。いかに今を生きるかを考える。

毎日を「生き切る」

私たち僧侶は、淡々とした日々を送っています。日々の過ごし方は、まるで判《はん》で捺《お》したように三六五日、ほとんど変わることはありません。特にノルマがあるわけでもなく、誰かと競争しているわけでもありません。そんな生活をしていて、心の満足を得ることがあるのだろうか——そう思われる方もいらっしゃるかと思います。

私たちの心の満足。それは、毎日を一生懸命に〝生き切る〟ことにあります。

同じように庭掃除をしていたとしても、それはけっして同じではありません。一年も境内の掃除をしていれば、どの場所に落ち葉が溜まるかが自然と分かってきます。雨の翌日にはどの場所が汚れるかも分かってくる。その結果として、一年前よりもきれいに境内を掃き清めることができる。それは他人から見ても違いが分からないかもしれませんが、自分自身の目にははっきりと自身の進歩が見て取れる。「ああ、自分も少し成長したな」、そう感じることこそが、心の満足となっていくのです。

心の満足とは自身の過程の中にこそあれ、結果の中にあるのではないのです。一生懸命に努力をしたからといって、必ずしも結果に結びつくとは限りません。努力をしても、失敗に終わることなどいくらでもあります。

しかし、一生懸命努力したという事実は、時間が経てば心の満足として残っていくものです。もし、努力をせずに、たまたま良い結果が出たとしても、その経験が善き思い出として残ることはないでしょう。ましてうまくいかなかった、努力もしなかったという経験は、ずっと心の棘として残っていくものです。

日々に一生懸命取り組むことから、
心の満足は生まれます。

身体を使う

「冷暖自知」（れいだんじち）という禅語があります。

目の前に冷たい水があって、誰かが「その水は冷たいですよ」と言ったとします。頭では「冷たいのだな」と理解しても、それがどれくらい冷たいのかは、実際に自分自身の手を入れてみないと分かりません。何事も自分で経験しないと、ほんとうのところは分からない。要するに身体を使って経験することの大切さを教えている言葉です。

人間には五感というものが備わっています。視覚・聴覚・嗅覚《きゅうかく》・味覚・触覚の五つです。禅的な生活とは、まさにこの五感をフル回転させながら営むということです。暑さや寒さはもちろんのこと、四季に移り変わる風の匂いをも感じようとする。草花の美しさを愛《め》で、鳥の囀《さえず》りに耳を傾ける。本堂に向かう階段を一段一段踏みしめながら、自らの身体の声にも耳を傾けます。自らの身体を動かし、自身の経験を積み重ねながら生きていく。その行為の先にこそ悟りがあるとされているのです。先達《せんだつ》の書物を読むことも大切なことですが、ただ読むだけでは意味がありません。そこに自らの経験を加えてこそ、教えが腑《ふ》に落ちるのです。

あるお檀家さんの女性から、こんな相談を受けました。「時間を持《も》て余《あま》しているのです。子どもたちを学校に行かせて家事を済ませれば、何もすることがありません。幸せだとは思うのですが、生きているという実感がないのです」と。

おそらく同じような状況に陥っている人は多いのではないでしょうか。

私は一つのアドバイスをしました。「一週間に一度でいいですから、部屋の雑巾がけをしてはいかがですか。真冬に雑巾を絞るのは冷たいでしょうが、とにかくそんな習慣をつけてみてください」と。掃除機やモップを使うのではなく、あえて水で雑巾を絞って拭き掃除をする。これは僧侶・特に修行僧が日頃行っていることです。つまりは生活の中で自分の身体を動かす習慣をつけるということです。

それから半年後、その女性はとても溌剌《はつらつ》とした様子でやってきました。「雑巾がけがとても気持ち良くて、今では週に三度はやっています」と。

身体を使うという喜び。それはすべての人間に備《そな》わっているものなのです。

あえて身体を使うことで、
分かることもあります。

幸せとは「足るを知る」こと

「知足《ちそく》」という有名な言葉が仏教の中にあります。「足るを知る」ということ。

ある村に、二人の牛飼いがいました。一人のほうは九九頭もの牛を飼っています。とても裕福な暮らしをしているのですが、まだまだ満足していません。九九頭の牛を何とかもう一頭増やして、一〇〇頭にしたい。彼にとっては一〇〇頭の牛を飼うことが目標であり欲望でもありました。

もう一人の牛飼いは、三頭の牛しか飼っていません。たった三頭ですから、生活はけっして豊かなものではなかった。それでも彼にとっては、十分に満足できる生活を送っていたのです。たくさんの牛を飼えば、もっと豊かな生活ができる。それは分かっているのですが、今以上の牛は必要がないと思っていたのです。

ある日、九九頭の牛を持っている男が、三頭しか持っていない男のもとを訪れました。そして、自分は生活に困っている。牛を分けてほしい、と言いだしました。頼まれた男は「あなたがそんなに困っているのなら……」と一頭の牛を譲《ゆず》ってあげたのです。そして「友人を救うことができてよかった」と満足して、生活をやりくりして暮らし始めます。

一方の一〇〇頭の牛を手に入れた男には、新たな欲が芽生《めば》え始めます。うまく一〇〇頭にすることができた。あと一頭増やして一〇一頭にするにはどうしようか、と。この男は、一〇一頭にすることができたら、次は一〇五頭にするにはどうしようかと悩んで苦しむでしょう。

さて、この二人の牛飼い、どちらが幸せでしょうか。「足るを知る」とはそういうことなのです。

幸せは、持っているものの数で
決まるのではない。

一歩退く

雑誌や商品の宣伝文句などを見ていると、「ワンランク上」などという表現をよく見かけます。人よりちょっと収入が多い、人よりちょっと上質なものを持っている。仕事においても一歩先を行きたいと思っている。同僚よりも一歩先を行きたい、少しでも早く認められたい。もちろんそれが向上心に結びつくのならいいと思いますが、ただ結果だけを追い求めているように見える人もいます。

一歩先んじるという発想から、一歩退《ひ》くという発想に変えてみてはいかがでしょう。ワンランク上に行こうと急いで自分に無理を強《し》いるよりも、等身大の自分をまずは認めてしまうこと。もしもそれで誰かよりランクが下だったとしても、それもいいではないですか。大切なことは、無理をしないで自分の道を歩むことです。

「処世譲一歩為高。退歩即進歩的張本」（世を処するに、一歩を譲るを高しとなす。歩を退くるは、即《すなわ》ち歩を進むるの張本《ちょうほん》なり）という教えが『菜根譚《さいこんたん》』という本にあります。がつがつと前に進むことばかり考えず、人よりも先んじようとばかりせずに、ただ自分の為すべきことをしっかりとやっていくこと。心穏やかに暮らしていきたいと願うなら、一歩退くことを知りなさいということです。一歩退くことは、すなわち、一歩進むための伏線《ふくせん》となると教えています。誰よりも先に上に行こうともがいている人たちの渦《うず》に飲み込まれれば、やがては自分自身を見失うことにつながっていくのだと思います。

それに、自分が、自分が、と前に出ようとする人よりも、一歩退いて、人を立てることのできる心のゆとりを持っている人のほうが、美しいと思いませんか。

上に行くこと、前に進むことばかりを考えない。
無理をせず、ただ自分の為すべきことをしっかりと。

損得でものを考えない

「意識」という言葉があります。この言葉を禅は次のように解釈しています。たとえば誰かと出会ったとき、その人の印象が心の中に生まれます。「感じのいい人だな」「この人とは合いそうだな」と、いわば直感のようなものです。これが「意識」の「意」の部分です。

ところが次に「この人とつき合っていれば自分にとってプラスになるだろうか」「この人といても得することはないかもしれない」という思いが頭をもたげてくる。つまりは相手を識別しているわけです。これが「意識」の「識」の部分。そしてこの「識」の中に潜《ひそ》んでいるのが損得勘定ということになります。

仕事にしても、自分のやりたいことよりも損得を考えることもあるでしょう。確かに生きている限り、誰もが損得勘定で物事を判断することがあります。できることなら得をしたいと思うのも人情です。しかし、損得ばかりを考えながら生きていれば、自分のほんとうの気持ちが見えにくくなってしまいます。自分はいったい何をしたいのか。自分はどのような人とつき合っていきたいのか。そういうことさえ分からなくなっていく。それは自分の人生を生きているのではなく、他人や仕事に振り回されている人生です。

それよりも、自分が好きだと思えばつき合えばいい。やりたいと思うのであればやってみればいい。損得や結果ばかりを考えずに、とりあえずは自分の「意」に従ってみる。自分の人生なのですから、自分の意のままに生きることです。そして「意のままに生きる」とは、わがまま勝手に生きるということではありません。それは「自分の気持ちに正直に向き合う」ということなのだと思います。

「自分は何をしたいのか」、
それを最優先で考えてもいい。

当たり前のことを当たり前にする

たとえば一つの村に、たくさんの田圃《たんぼ》が並んでいます。

田圃の環境はほとんど一緒です。日当たりや水路の流れもみんな一緒。それでもお米がたくさん収穫できる田圃と、収穫量が少ない田圃が出てきます。あるいは同じ土地でお米をつくっていても、特別においしいお米をつくる人もいます。

この差はいったいどうして生まれるのでしょうか。

その差はただ一つ。一生懸命においしいお米をつくる努力をしているかどうかだろうと思います。田植えが始まる前から土の手入れを入念にする。どんな堆肥《たいひ》を使えばいいかを模索《もさく》しながら、よりよい土壌《どじょう》づくりに励んでいる。これこそが、農家としてやるべき「当たり前のこと」です。この当たり前のことを一生懸命にやっているか。それとも当たり前の作業を蔑ろにしてしまっているか。その差がすべてお米に表れてくるのでしょう。

人はつい、当たり前のことを疎《おろそ》かにしがちです。当たり前のこととは、基本的なことです。基本的なことというのは、どちらかと言えば地道なものでしょう。すぐさま大きな成果を生むことはありません。そこで人は、何か特別な方法はないかと考え始めます。地道に物事を進めるのではなく、一気に素晴らしい成果を生み出す方法はないかと。しかし、そんなものは実際にはないのです。

仕事でも日常生活でも、当たり前のことを当たり前にやる心がけを大切にしましょう。人生の道のりに、ショートカットなどは存在しません。どんな道のりも、地道に歩むことで成功につながっていくもの。それを忘れないようにしたいものです。

努力すれば、努力した分だけ実を結ぶ。
そんな「当たり前」のことを忘れない。

「おもしろいこと」を求めすぎない

「何かおもしろいことはないのかしら」「ああ、つまらない」と口癖のように言う人がいます。これでは、自分で不満を生み出しているようなもの。自分で自分の人生をつまらなくしていると思います。

日々の暮らしとは、とても淡々としたものです。毎日同じことの繰り返し。楽しいことや刺激的なことはそうそうあるものではありません。何か特別な日のことを「ハレの日」といいます。たとえば家族旅行に行くとか、子どもの運動会があるとか、会社のパーティーが催《もよお》されるとか、そういう刺激的な日のこと。あるいは個人的な仲間との飲み会なども楽しい「ハレの日」と言えるでしょう。

しかし、そんな楽しい日が毎日のようにあるわけではありません。もしもそんな「ハレの日」が毎日のように続けば、それはもう楽しみでも何でもなくなります。一年に一度の家族旅行だからこそ楽しいのであって、それが一か月に一度になれば、きっと楽しみは激減してしまうでしょう。そういう意味では、人生の九〇パーセント以上は淡々とした日常で、刺激的なことなどほんの数パーセントに過ぎません。

であるからこそ、日々の淡々とした暮らしの中に幸せを見つけることです。一日の仕事を終えてほっと一息つく。おいしいお茶を淹《い》れて、独りでゆっくりと飲んでみる。この瞬間こそが、ほんとうはいちばん幸せで安寧《あんねい》なひとときなのです。

確かに刺激的なことに人は心が惹《ひ》かれるものです。いつもと違う刺激を感じれば、心には高揚感が生まれます。するともっと大きな高揚感を求めるようになる。刺激的なことに対する欲求がどんどん膨《ふく》れ上がっていき、多少の刺激では満足できないようになる。やがては何をしても楽しいと思えなくなってきてしまいます。

いたずらに刺激を求めず、日常の小さな幸せを感じられる感性を磨きましょう。「何もない一日」などという日はけっしてありません。友人と話していて楽しかったこと。仕事をしていて嬉しかったこと。生きている限り、一日の中にはたくさんの出来事が起きています。その小さな出来事を楽しみましょう。たった一杯のお茶の味も、昨日と今日では違っているものです。

刺激を求めすぎると、刺激への耐性が生まれます。
小さな幸せ、小さな変化を見逃さない感性を。

欲望に心をとらわれないようにする

贅沢《ぜいたく》な暮らしをしたい。漠然《ばくぜん》とそう願っている人は多いでしょう。確かに、一時の贅沢はひとときの幸福感を味わうことができます。しかしその喜びがやがて膨張《ぼうちょう》していき、果てしない欲望へとつながっていくものです。

お釈迦様が最後に説かれた説法を、後に弟子たちがお経にまとめた『遺教《ゆいきょう》経《ぎょう》』というものがあります。「多欲の人は利を求むること多きが故《ゆえ》に苦悩も亦《ま》た多し。小欲の人は無求無欲《むぐむよく》なれば則ち此《こ》の患《うれい》無し」。

欲望の多い人は、いつも贅沢を求めています。しかしすべての欲望が叶うことなどありません。叶えられなかった欲望を前にして、常に苦悩の日々を送ることになります。もっと贅沢がしたい、と終わりなき欲望を追いかけることになる。一方の欲の小さな人は、必要以上のものを求めません。満足することを知っている人は、日々の暮らしに苦悩など抱えることはないのです。さらにお釈迦様は続けます。「知足の人は地上に臥《ふ》すと雖《いえど》も、猶《なお》安楽なりとす。不知足の者は天堂に処すと雖も、亦た意《こころ》に称《かな》わず。不知足の者は富めりと雖も而《しか》も貧し」。

欲望の小さな人は、どんなあばら家にいても心が穏やかでいることができる。一方で欲望の大きな人は、御殿のような大きな家に住んでいても、もっと大きな家に住みたいと不満ばかりを抱えている。欲望にとらわれている人たちは、たとえ裕福な生活をしていても、心は貧しいものになっていく。

このお釈迦様の教えに尽きると思います。多少の贅沢を願うことはかまいません。ただ、自分にとっての贅沢とは何か。自分の心を豊かにしてくれる贅沢とは何か。それを見失わないようにしたいものです。

欲望が多いと、苦悩の日々は続く。
満足を知っている人は、心穏やかでいることができる。

どうしようもない悩みに執着しない

私たちは生きている限り、たくさんの悩み事を抱えます。この悩みをほどくためにはどう考えればいいのか。まずは悩みを「仕分け」することです。

悩みには大きく分けて三つのものがあると私は思っています。

一つ目の悩みというのは、自分自身の欲や見栄などから発生するもの。たとえば欲しいものがあるのに買うお金がない。休日なのに楽しいことがない。もしもそんなことに悩んでいるとすれば、それは人生を無駄にしているようなものです。まずはこのような、悩む必要も価値もない悩みを捨て去ることです。二つ目の悩みは、自分の努力によって解決できるものです。たとえばパソコンがうまく使えなくて仕事が思うように進まない。このような具体的な悩みなら、パソコン教室に通うなど、自分の努力によって取り除くことができます。

そして三つ目の悩みというのが、自分の力や努力ではどうしようもない悩み事です。自分が何らかの病に罹《かか》ってしまうかもしれない。あの人は自分のことを好きではないかもしれない。自分が勤めている会社もいつか潰れてしまうかもしれない。これらの悩み事は自分ではどうすることもできません。それ故に、深く大きな悩みとして心に覆《おお》いかぶさってくるのです。

しかし、どうしようもない悩み事にばかり執着すると、心が疲れ果ててしまいます。そうならないためには、自然の流れに身を委《ゆだ》ねてしまうこと。人間の力で春を呼ぶことはできません。季節や自然に逆らうことはできない。であるなら、その流れに身を委ねてしまうこと。人間には見えない大きな力。そんなものがあることを知ること。そしてその悩みもいつか、きっと薄らぐと信じることです。

悩んでもどうしようもないことは、
自然の流れに身を委ねてみる。

心に不要品を溜め込まない

日々の生活の中には、心に溜まる心配事やいろいろな問題、つまりちょっとした心のゴミが、毎日のように出てきます。たとえば人づき合いにしても、「あんな言い方をしなければよかったな」と後悔することは誰にでもあるでしょう。大した後悔ではないけれど、少し心に引っかかっている。それもまた心のゴミのようなものです。

そんなときにも、やはり時間を置かずに謝ることです。できれば翌日に「昨日はちょっと言いすぎた。ごめんね」と言うこと。会社の仲間であれ友人であれ、また家族であれ同じです。家族なのだから謝らなくても分かってくれているだろう。それは大きな勘違いです。もっとも近しい家族だからこそ、少しでも心のゴミを溜めてはいけないのです。

「今度機会があったら……」と引き延ばしているうちに、心にはどんどんゴミが溜まっていく。溜まったゴミが異臭を放ってくるように、心のゴミもまた腐っていくものだと思います。そして腐りきったときに「あのときはごめんね」と言っても、もう相手の心に届くことはありません。

「夫婦関係がうまくいかない」「友達と仲たがいしてしまった」など、心のゴミを抱えて悩んでいる人もいると思います。しかしその大きな心のゴミは、初めから大きかったわけではないでしょう。最初は小さなものだったはずです。それを捨てないままで時間が経ってしまったからこそ、大きくなっていったのです。家庭で出てくるゴミと同じように、少しずつならば簡単に捨てることができます。

心のゴミ箱は、いつもさっぱりとしていたほうが心地よいものです。

ゴミはすぐに処分しましょう。

先延ばしにすると、手がつけられなくなります。

夢を捨てない

夢を叶えられる人もいれば、いつの間にか夢から遠ざかっている人もいます。その差はいったいどこにあるのでしょう。夢に近づいている人は、自分がなりたいものを明確にイメージできています。そしてそれに向かって一歩ずつ歩んでいる。その一方で夢から遠ざかる人は、自分の将来像がとても曖昧《あいまい》です。何となくなりたいと思っているだけで、立ち止まって、憧れの世界を眺めているのです。

いくら努力をしても、その夢に辿りつける人のほうが圧倒的に少ないもの。だからといって諦《あきら》めてしまえば、その時点で可能性はゼロになってしまいます。

たとえば歌手になりたいと夢を持っている人がいるとします。その夢を叶えられる人は、ごく一握りでしょう。それでも、本気で歌手になりたいと願うのであれば、とにかく音楽に関わる世界に身を置くことです。

歌手でなくても、レコード会社でもいい。楽器屋さんでもいい。あるいは歌手をサポートするマネージャーでもいい。自分が抱いた夢の周辺にいることです。自分の夢の周辺。そこには自分のやりたいことがたくさん落ちているはず。もしかしたら、歌手になるよりもマネージャーのほうが自分には向いていることに気づくかもしれません。音楽をつくる側にいたほうが、自分は輝くかもしれない。

そうです、夢の周辺にいることで、新しい夢に出会うことができるのです。

「私はほんとうは、こんな仕事がしたかった」と過去を振り返る人がいます。そういう人はきっと、本気でその仕事に就きたいと思っていなかった。もしも本気で思っていたのであれば、その人は夢の仕事の周辺を歩いていたはず。そしてその場所で、新たな夢と出会っていたはずです。

夢は叶うとは限らない。
でも、夢の周辺に近づくことはできる。

物事に白黒つけようとしない

私たちはつい、物事をどちらか一方に決めつけたがります。良いか悪いか。正しいか正しくないか。好きか嫌いか。やったほうがいいのか、やらないほうがいいのか。

どちらか一方に決めるほうが、一見するとシンプルな感じがするものです。しかし、どちらか一方に決めつけるということは、選んだほうだけに執着することになります。これは良いことだと決めつければ、それ以外のことはすべて悪いとなってしまう。Aが正しいと思ったら、Bは間違っていると決めつける。極端に言うとそんな危険をはらんでいるのです。

青森県のリンゴ農家で起きた有名なエピソードがあります。ある年、青森県が大きな台風に襲われました。台風の影響で、せっかく実ったリンゴがほとんど木から落ちてしまった。木から落ちたリンゴは出荷することはできません。ほとんどの農家は、もう今年の出荷は無理だと諦めてしまいました。順調に出荷できるか。それとも台風によって出荷できないか。まさにこの二つの選択しか頭になかったわけです。

ところが一人の男性は、そんな二者択一の考え方をしませんでした。もう出荷できないと決めつけることをしなかった。いくら台風の被害があったとはいえ、すべてのリンゴが落ちてしまったわけではありません。中にはしっかりと枝にしがみついているリンゴもあります。そのリンゴを眺めながら、彼はひらめいたのです。「そうだ、台風にも負けずに落ちなかったリンゴを、絶対落ちないリンゴとして売り出してみよう」と。このアイデアが大当たりしたのです。受験生の間で評判になり、「落ちないリンゴ」は全国各地から注文が殺到しました。この男性のアイデアのおかげで、多くのリンゴ農家が救われたという話です。

もうダメだ、そう決めつけてしまえば、そこから先に進むことはできません。何か身の回りで悪いことが起きたとしても、そこで人生が終わってしまうことはありません。もしかしたら、悪いことの中にも良いことが潜んでいるかもしれない。悪いことが起きたことを機に、さらに人生が良くなることもあるかもしれません。

物事の「良し悪し」を、簡単に決めつけてしまわないことも大切です。

「良し悪し」を決めつけて、
可能性を潰してしまわないように。

「ここではないどこか」を探さない

「ここは自分のいるべき場所ではない」「もっと自分が輝ける場所があるはずだ」などなど、現状に不満を抱えている人は多くいます。

どこかに自分が思い描いている理想郷があるはず。そこに行きさえすればもっと幸せな人生を送ることができる。そんな世界を思い描いているとすれば、今という大切な時間を蔑ろにしていると思います。

「人間到処有青山」（じんかんいたるところせいざんあり）という禅語があります。「青山」というのは、自らの墓地のこと、すなわち埋葬される所を言いますが、この意味を突き詰めて考えれば、その人にとってもっとも満足ができ、幸福を感じることができる「理想郷」とも言うことができます。昔から人間というのは、この「青山」を探し求めて歩いてきたと言えるでしょう。ではいったい、その青山はどこにあるのか。その答えを示したのがこの言葉です。

私たちにとっての理想の場所、それは実はいたる所にあるということ。今いる場所こそがあなたの青山であり、また場所が変わったとしても、その場所もまた青山になる。大切なことは、自分自身が今いる場所で一生懸命に生きているかどうかです。

与えられた今の役割に真摯に取り組むこと。その場所で一生懸命に生きること。その場所はずっと続くかもしれませんし、もしかしたら移り変わるかもしれない。それでもそんなことは考えず、ひたすらに今という一瞬を生きてみてはいかがでしょう。「ここではないどこか」――その場所は自分自身の心の中にあるのです。

理想郷は、

あなたが今いる場所かもしれません。

情報を鵜呑みにしない

テレビや雑誌、インターネットなどを通して、日々大量の情報が入ってきます。たとえば、「幸せな家族像」の情報が流れてきます。お母さんは家事を完璧にこなし、いつもほがらかで、家族のために手の込んだ料理をしてくれる。優しいお父さんは休みの日にドライブに連れていってくれる……などなど。しかし、現実にそんな家族がどれだけいるのでしょうか。

あるいは長寿社会になり、元気な高齢者が増えています、とテレビでは元気そうに運動をしているお年寄りが映し出されます。しかし外で運動を楽しんでいるお年寄りは元気で健康な人たちで、病で苦しんでいるお年寄りは外には出ることができません。元気なお年寄りばかりに目を向け、そうではない人たちのことは情報として流されていない。情報の危うさがそこにはあるのです。

「水急不流月」（みずきゅうにしてつきをながさず）という禅語があります。「水面に映っている月影。その月影は、いかに水の流れが急であったとしても、けっして流されることはない」という意味です。

水の流れというのは、社会で起きているさまざまな出来事や、溢れている情報ということになるでしょう。そして月影とは、まさに自分自身の心を表わしています。世間がどのような流れになったとしても、他人がどんな価値観を主張しようが、それに流されないようにすることです。もちろん有益な情報もあります。しかし一方で、人それぞれ、できることとできないことがあります。大切なことは、自分にとって重要なものだけを選別して取り込む目を持つこと。すべてを鵜呑みにしてしまわないことだと思います。

情報が氾濫する現代だからこそ、
それを選別する目を養わないといけません。

自分にないものを求めない

今の自分を変えたいと思っている人は案外多いように思います。ただし、自分自身の中には、変えられるものと変えることができないものとがあります。

たとえば生まれもった身体は変えることはできません。小さな身体に生まれてきた人が、お相撲《すもう》さんになろうとするのは困難でしょう。あるいは容姿にしても、誰もがミス日本になれるものではない。これは受け入れるしかありません。

「もっと背が高かったら」「両親がもっと美人に産んでくれたなら」などと、変えられないものに対する不満を抱えて生きている人がいるとしたら、残念なことだと思います。そういう人は、たとえもっと美人に生まれたとしても、やはり不満が消えることはないでしょう。

ミス日本になるための要素を持っていないのであれば、無理して自分を変えようとするよりも、あなた自身のいいところを見つけていくこと。あなた自身の資質と真正面から向き合うこと。そうすることで、欠点だと思っていることも長所に見えてくるものです。ミス日本もお相撲さんも、自分では変えられないものを抱えながら、自分と向き合って生きているのです。

容姿は変えられなくても、自分の姿勢や心もちは自分で変えることができます。美人でなくても、ほがらかな表情を心がけることはできるでしょう。そして、自分の心によく聞いてみてください。ほんとうにあなたは、変わらなくてはいけないのでしょうか。変わることがすなわち善きこととは限らないと私は思います。あなたの資質と向き合い、あなたにできることを一生懸命やっていれば、あなたの良さはおのずと周りにも伝わっていくのではないでしょうか。

美人じゃない人は、美人になろうとする必要はない。
そのままで、自分の良さを磨けばいい。

迷ったときは両親に会いに行く

日々の暮らしに追われる中で、ときに自分自身を見失うことがあります。「自分がほんとうにやりたい仕事はこれなのか」「人生の選択は間違ってはいないだろうか」。考え始めれば、次々と迷いが生じてくる。どれもが明確な答えのないものばかりです。そんな苦しみを抱えたままで生きていれば、いつかは心が弱くなっていきます。

もしも迷いが生じて、それが深いものになったときには、両親に会いに行くことを私は勧めています。多くの人が両親のもとを離れて都会で暮らす時代です。そこにはたくさんの人間がいますが、心を許せる人はなかなか見つからない。

ぜひご両親を訪ねてください。そして、あなたがどんなふうに育ってきたかを、もう一度聞いてみてください。「あなたは小学生のころにはこんな夢を持っていたのよ」「そういえば、おまえは絵を描くことが好きだったよ」「あなたは昔から、人に流されやすい子どもだったわね」。そんな思い出話の中に、ほんとうの自分の姿を見ることができるのです。今では忘れていたような夢を思い出すこともできます。自分のいいところや欠点も改めて見ることができる。それはきっと、自分自身を取り戻す時間になると私は思うのです。

直接悩みを打ち明けなくてもいい。両親に具体的なアドバイスを求めなくてもいい。ただ子どものころの心に戻って、もう一度自分自身を見つめること。そんな時間を持つことで、迷いがふっと消えることもあるものです。

両親を訪ねることは、親のためばかりではありません。自分自身の原点に返るためでもあるのです。

自分は本来どんな人間だったのか。

昔の自分に立ち返ると、迷いが消えることもあります。

第四章

とらわれない。抱え込まない

孤独を楽しむ

独りっきりで過ごす時間。そんな時間を持つことはとても大切なことです。

一昔前までは、一日のうちで独りっきりになれる時間があったものです。携帯電話などもありませんから、たとえば会社への行き帰りのときも、独りの時間を持つことができました。自宅の最寄り駅に着いてから家に帰るまでの、誰にも邪魔されることのない静寂のひととき。それが知らず知らずにリフレッシュできる時間になっていたような気がします。

ところが現代は、なかなか独りにさせてもらえません。会社を出て家に帰ろうとする途中にも、携帯電話で仕事の連絡があったり、夜に寝ようとするときにも、友達からメールが来たりする。いつも何かに追いかけられているような息苦しささえ覚えている人も多いのではないでしょうか。

「いつも誰かとつながっていないと不安になる」――そう言う人がいます。しかし、それは逆だと思います。いつも誰かとつながろうとするからこそ、そこに不要な不安感が生まれてくるのではないでしょうか。

心がつながるということは、いつもお互いのことを心に置いているということ。特に会うことがなくても、心の中に確かにその人がいてくれる。そういったつながりこそがほんとうの安心感を生むのだと思います。

孤独な時間の中に身を置き、独り静かに自分自身と対峙《たいじ》する。それはすなわち強さでもあります。昔から僧侶の目指す最後の場所は、自然の中での隠遁《いんとん》生活でした。それはどうしてか。その孤独の中にこそ、自分の本来の姿があることに気づいていたからでしょう。

独りの時間を持ち、
自分の内面と向き合ってみましょう。

イライラしたときは「息を吐く」

日々の暮らしの中で、ついイライラすることは誰にでもあるものです。

一年三六五日、常に心穏やかに過ごすことなど、長年修行を積んできた僧侶でさえ難しいことです。しかし私たち僧侶は、そのイライラが長く続くことはありません。なぜなら、イライラを取り除く方法を知っているからです。

イライラを解消してくれる方法は、呼吸の仕方にあります。

私たちが坐禅を組むときに、常に心がけているのが呼吸法です。漫然と呼吸をするのではなく、自らの呼吸に神経を集中させます。丹田という部分がありま す。おへその少し下あたりです。その丹田で息をすることを心がけてください。

肺に空気を入れるのではなく、お腹に入れるイメージです。胸で呼吸をしていれば、不思議と呼吸が高まっていきます。「ハアハア」という声になり、やがてそれが肩のほうまで上ってしまう。そうなれば身体全体が緊張してしまいます。

そしてもう一つ大事なことは、まずは息を吐くことに神経を集中させるということです。「呼吸」という字を見てください。初めに来るのは「呼」です。「呼」というのは息を吐くことを意味しています。人間というのは、息を吐き出せば、自然と次に息を吸おうとします。息を吸わなければ死んでしまいますから、意識せずとも勝手に息を吸うものです。

イライラしたとき、怒りの感情が膨《ふく》らんできたとき、自分の呼吸に意識を向けてみてください。ゆっくりと息を吐き出してみる。そして自然に息を吸うことに任せてみる。この呼吸を三度も繰り返せば、必ずイライラは少なくなります。

頭に血が上ったら、お腹でゆっくり呼吸する。

怒りはいったん腹に落とし込む

ちょっとしたことで怒りを覚えることがあります。それは人間が持つ感情としては拭《ぬぐ》い切れないものです。しかし、たとえ小さな怒りであっても、それがたくさん集まれば、怒りの感情だけが増長していき、コントロールができなくなります。そうなる前に、心を落ち着けなければなりません。

私が尊敬してやまない人に、大本山總持寺の貫首をされていた故板橋興宗《いたばしこうしゅう》禅師という方がいます。あるとき禅師さんにこう教えられたことがあります。

「何事も頭で考えてはいけません。頭で考えてばかりいるから、それこそ頭にくるのですよ」と。まさに言い得て妙。奥深い言葉だと思います。

とはいっても、生きている限りは頭の中であれこれと考えてしまうものです。

「そうであるならばどうすればいいのでしょうか」

私は禅師さんに尋ねました。すると禅師さんはこう答えました。

「相手に腹の立つようなことを言われても、自分の思い通りにならなかったとしても、すぐにそれに反応しないことです。まずは心の中で『ありがとさん』と三度、私は唱えるようにしています」

すぐさま怒りの言葉を返すのではなく、まずは「ありがとさん」と心の中で唱えてみる。すると三度唱えるうちに、自分の気持ちは落ち着いてきます。怒りの感情がすっかり消えることはありませんが、少なくとも自分の怒りを客観的に見つめることができます。自分はどうして怒っているのか。それは相手のせいだけのことなのか。相手には相手なりの考え方があるのではないか。そんなふうに考えることができれば、出てくる言葉は自然と柔らかなものになってきます。

湧いてきた感情に飲み込まれない
工夫をすることが大切です。

嫌いという感情にとらわれない

どんな人にも、好き嫌いというものはあります。一緒にいて気分がいい、と思う人もいれば、できるだけ避けたいと思う人もいる。それは仕方のないことです。

さて、ではどうして嫌いな人がいるのでしょうか。あなたの嫌いな人のことを思い浮かべてみてください。その人の行動が気に障《さわ》る。性格が自分とは合わない。おそらくは嫌いな理由をあれこれと並べることができるでしょう。しかし冷静に考えてみると、それらの中には他人の評判や、思い込みからきていることもあるのではないでしょうか。

たとえばその人の悪口を誰かから聞くとします。「あの人は自分勝手だ」と。すると、頭の中に「自分勝手な人」とインプットされてしまい、何をしてもそのように感じてしまうものです。また、「おしゃべりなあの人が軽薄《けいはく》で嫌い」と思っているとして、その人が「おしゃべり」なのは、軽薄なのではなく、実は人づき合いが苦手なために、頑張って「おしゃべりな人」を演じているからかもしれないのです。

つまり、相手に対するイメージは、自分自身が頭の中でつくり上げているということです。そんな色眼鏡は外して、とらわれない心で相手と接する。ありのままの相手を見つめ、自分もありのままの姿でその人と接するようにする。そういう思いでいれば、好き嫌いは少なくなっていくのだと思うのです。

私にももちろん好き嫌いはあります。いくら修行を積んでも、そこから解放されることなどありません。しかし、私はそれにとらわれることはしません。好きだなと思う人は、何もせずとも楽しくおつき合いができますが、少しでも嫌いだという感情があれば、やはり自分の心に負担がかかってきます。ですから、そうならないために、私は嫌いという感情にとらわれないように、その感情を消し去るようにしているのです。

たとえその人のことが好きになれなくても、未来永劫《えいごう》ずっとおつき合いをするわけではない。いずれその関係は消えていくものです。消えていく関係であれば、せめて今この瞬間だけは「嫌いだ」と思わずに接してみる。そんな心もちになれば、その人とのおつき合いもストレスにはなりません。嫌いという感情に、自分をすり減らさないようにしましょう。

好き嫌いも自分次第で変えられる。

「の」の心を持つ

すべての物事と向き合うときに「の」の心を持つこと。「と」の心で物事を見ないようにすること。これが禅の教えの一つです。

まず「と」の心で見るとはどういうことなのか。たとえば「私と仕事」「私と友達」「私と夫」というふうに考えるのが「と」の心です。この捉え方をすれば、それらと自分が対立することになります。「私と仕事」というふうに捉えるから、仕事に対する不平不満が生まれてくる。「私と友達」と捉えるから、友達に対する嫉妬心や競争心が生まれてくる。「私と夫」と捉えることで、そこに考え方の違いが浮き彫りになってくる。つまり「と」の心で見ることは、いつも相手に対して対立する立場になるということなのです。

そうではなく、「の」の心を持って接してみてください。「私の仕事」というふうに仕事と向き合ってみれば、まさに自分と仕事が一体となっています。どんなに大変な仕事でも、どんなに失敗を繰り返しても、それは自分の仕事なのですから、自分で努力をして頑張っていこうという気持ちがそこには芽生えてきます。
「私の友達」というふうに考えれば、まさにその友達は自分自身と同じこと。「私の夫」という気持ちがあれば、夫の心に寄り添うことができます。夫が疲れた顔をしていれば、会社で辛いことがあったのだろうかと心配になる。楽しそうにしていれば、自分の気持ちもはずんでくる。せっかくご縁があって夫婦になったのです。「一心同体」にはなかなかなれないですが、いつも夫婦がお互いに「の」の心でいること。夫婦の幸せは、そんな気持ちの中から生まれるのだと信じています。

仕事や友人、家族と一体になる。
自分のこととして寄り添えると幸せ。

人の縁も流れに委ねる

人との縁というものを考えたとき、縁は誰のもとにも平等に流れている。その流れている縁に手を伸ばして結ぶかどうか。そのようなイメージで見てみましょう。

善き縁が流れていたとしても、それを無理やり手に入れようとしてもなかなかうまくいきません。結びたいと願った縁が、するりと手から抜けてしまうこともあります。そんな縁を無理やり引き寄せることをしてはいけない。あるいは一度結んだ縁に執着するあまり、強引に一つの縁にしがみついてもいけません。縁というのはあるがまま、為すがままという気持ちでいることです。

できる限りたくさんの縁を結ぼうとする。また、自分にとって得になるような縁ばかりを結ぼうとする。そんな気持ちが強くなれば、人間関係はどんどん複雑なものになっていきます。そして複雑な人間関係からは、懐疑心や嫉妬心が生まれてきます。たくさんの縁を強引に結ぼうとすることで、実は自分自身の心をがんじがらめにしていくのです。

縁を強引に結ぼうとすることをせず、自然の流れに任せてしまってはどうでしょう。たとえば私のところにもたくさんの人たちが訪れます。とても感じの良い人だな、この人とならいい仕事ができそうだな、と思う人もいます。ところがたまたま私のほうが忙しくて、その人の仕事をお断りすることもあります。「今は無理ですけど、半年先なら大丈夫ですよ」と伝える。「では、また半年後に来ます」と言ってお帰りになる。

この時点で私はその人との縁を流れに委ねているのです。半年を待って再び訪れてくれれば、その人とは縁があったのだなと思い、一年経っても来られなければ、縁がなかったのだなと思う。無理をして縁を結ぼうとすることなく、反対にこちらから縁を切ってしまうこともしない。「縁があれば、また会うこともあるだろう」と流れに委ねてしまうのです。

このように流れに任せていれば、それほど多くの縁が結ばれることはありません。結局は自分にとって心地よい縁が残っていきます。これまでの人生を振り返り、「ああ、あの人とは善き縁だったな」と思えること。それくらいの気持ちでいいのです。

縁は強引に結べるものではありません。
流れに任せたほうが、心地よい縁が残るものです。

嫌われることを恐れない

みんなから好かれたい。誰からも嫌われたくない。そんな思いを持っている人が多いようです。どうして嫌われたくないのか。それは、好かれることで自分の評価が上がったと勘違《かんちが》いしてしまうからです。みんなに好かれている人は評価が高く、嫌われている人は評価が低いと。強迫観念にとらわれているのでしょう。しかし、好き嫌いというのは個人の主観による、とても感情的なことで、その人の評価とは何の関係もないものです。

たとえば、人に好かれるため、または嫌われないようにするためにはどんな行動をとることになるでしょう。相手の得になるようなことをしてあげる。自分は反対意見を持っていても、相手の意見に同調する……。しかし、そんなことばかりしていると、本来の自分の姿を見失うことになります。ほんとうはどうしたいのか、ほんとうはどうするべきだと思っているのか。そういった、自分が主体となった判断を放棄していることは、すなわち他人の人生を歩くことと同じです。誰かに歩調を合わせて生きていると、やがては自分のストレスが溜まってくるのではないでしょうか。ほんとうに歩くべきはあなた自身の人生なのではないでしょうか。

春に花が咲くと、自然に虫たちが集まってきます。木々に葉が茂れば、自然と鳥たちがやってくる。そして冬になれば彼らは自然と去っていく。人間の関係もこれと同じなのだと思います。あなた自身が、自分の正しいと思う道を歩み、あなたの人生をいきいきと過ごしていれば、それに惹きつけられる人はきっといるはずです。

あなたの人生です。
どうぞ、あなたが信じた道を進んでください。

他人を批判しない

いつも誰かのことを批判している人を見かけます。誰かを批判するということは、すなわちその人の短所を批判しているということ。ときに長所までも批判する人もいますが、それは単なるやっかみみたいなもの。批判するのはやはり短所ではないでしょうか。と考えれば、誰かを批判ばかりしている人というのは、いつも他人の短所ばかりを見ているということになるでしょう。

確かに他人の短所というのは目につくものです。ましてそれが近しい人であれば、なおさら気になってくる。そこでつい、あれこれと批判をしてしまう。その人にもいいところがあるのは分かっていても、気になるのは短所のほうばかり。そんな状態が続けば、結局は自分自身のストレスになってきます。指摘したり、注意したりして直せるようなものであればいいのですが、短所というのはそう簡単には直らないものです。

他人の短所にばかり目が行く。そういう人は、実は自分自身に対しても同じ目線で向き合っているものです。つまり自分の長所をしっかりと見ることができている人は、他人の長所を見つめることができる。自分の短所にコンプレックスを抱いている人は、つい他人の短所ばかりを見てしまう。相手の長所が見えていないということは、すなわち自分自身の長所も見えていないことと同じなのです。

誰かを批判しながらも、実は自分のことを批判しているのです。

批判からは何も生まれません。そこから生まれるのは、感情的なもつれやストレスだけです。安易に誰かを批判する前に、自分自身の長所を見つめてみてください。あなたの中にも、素晴らしい長所がたくさんあるのですから。

自分への自信のなさが、他人に投影されているのかもしれません。
誰かを批判する前に、自分自身を愛しましょう。

口を慎む

道元《どうげん》禅師が記された『正法眼蔵《しょうほうげんぞう》』の中に、「愛語」という言葉が出てきます。
「触れ合う人に向けては、いつも思いやりの心をもって、相手の気持ちを思い優しい言葉をかける。このことをいつも心に留めておきながら相手と話をする。それが愛語というものです」

禅師が言うところのこの心がけは、誰もが分かってはいても、なかなか実行するのが難しいものです。何も相手を攻撃するような言葉を放ちたいわけではない。相手の心をわざわざ傷つけようとしているわけではない。ところが結果として相手の心を傷つけてしまう。あるいはすぐに喧嘩になってしまう。そんな失敗を人は繰り返すものです。

余計なことはなるべくしゃべらないようにすること。言わなくてもいいことは心の中に留めておくこと。そんな心がけを持つことが必要でしょう。

あまりおしゃべりではなくても、いつもみんなの話を笑顔で聞いている人。相手のことを考えて、「そうですね」と相槌《あいづち》を打ってくれる人。そういう人こそが、ほんとうに人づき合いの上手な人なのだと私は思います。余計なことを言わず、少ない言葉でも周りの人たちの心を和《なご》ませてくれる。そんな人の周りには、自然とたくさんの人が集まってくるものです。

自分が次にどのような言葉を発しようとしているのか。すぐさまそれを出すのではなく、一度自分の中に飲み込んでから話すこと。この言葉を出すべきかどうか。その一瞬の逡巡こそが、人間関係を善きものにしてくれると思うのです。

多くしゃべれば、
人間関係が円滑になるわけではありません。

苦手なことは人に任せる

何か頼まれ事があったときに、ついつい何でも引き受けてしまう人がいます。断ることができない性質なのか、よく思われたいと思ってしまうのか、後先を考えずに引き受けてしまう。もちろんその頼まれ事が自分の得意なことであったり、時間的な余裕があったりするのであればかまいませんが、そうでない場合にははっきりと断ることが大事だと私は思います。

何か頼まれ事があったときには、まずはその中身を客観的に眺めてみて、すべてを引き受けるのではなく、自分ができるものだけを引き受けること。「これは私の得意分野ですからやりましょう。しかしそれ以外のものは苦手なので、他の人に頼んでもらえませんか」と。そして引き受けた分だけは確実にやり通す。結局はそれがお互いの信頼関係につながっていくのだと思います。

「これはお引き受けできますが、その代わり一週間時間をいただけますか」「それは私の苦手分野ですから、どなたか得意な人を探されたほうがよいと思います」。このような言い方をすれば、角をたてることなく、引き受けることも、お断りすることもできるのではないでしょうか。

できないのに仕事を引き受けても、なかなかできなくて、却《かえ》って迷惑をかけてしまうでしょう。苦手なものは苦手、と自分で認めてしまうことも大切です。人はそれぞれに、生まれながらにして役割が与えられている。仏教ではそう考えています。自分が得意とするもの、自分に与えられた役割。それらに目を向けるほうがお互いに気持ち良くいられるはずです。

無理してでも引き受けたほうがいい
という考えを捨てる。

「できない自分」を受け入れる

夢に向かって努力をする。それはとても大切なことです。自分もやればできるんだ。そう自分を信じて努力をすることは、自分自身を高めてくれます。しかし、努力は必ずしも報われるわけではありません。同じ努力をしても、夢を叶える人もいれば夢に辿りつかない人もいる。それもまた真実なのです。

「平等の中の不平等」という言い方があります。たとえば営業の仕事をしている人が一〇人いたとします。みんな同じ条件で仕事が与えられている。それはいかにも平等な世界であるように思えます。しかし一〇人の中には、営業という仕事が天職であるような人もいれば、実は経理のほうが得意な人もいます。営業が得意な人は業績を上げて評価され、そうでない人は評価されないことになります。与えられた仕事は平等であっても、実はそこには目に見えない不平等の世界があるのです。

多くの人ができるのだから、きっと自分もできるはずだ。あの人にできたのだから、私もできなければおかしい、そんなふうに考えないことです。

人はそれぞれに得手不得手があるもの。みんなには簡単でも、自分にとっては難しいこともあります。反対にみんなは苦手意識を持っているものでも、自分は得意だということもたくさんあるはず。そんなことは当たり前だと思うでしょうが、その当たり前のことをつい忘れるから悩みが生じるのです。

大切なことは、自分自身をしっかりと見つめてあげることです。物事のすべてが平等であるはずはありません。人間の力は不平等にできているからこそ、そこに個性が生まれるのです。できなくても、いいんですよ。

得意・不得意があるのは当たり前。
できない自分を「ダメな人間」だと思わない。

まずは、言葉と態度を整える

「三業《さんごう》を整える」という言葉が仏教の中にあります。「三業」というのは「身《しん》業《ごう》」「口業《くごう》」「意業《いごう》」の三つです。「身業」というのは身体を整えるということ。美しい立ち居振る舞いを心がけること。健康な身体を維持するということです。「口業」というのは言葉づかいを表わします。相手に対して怒りの感情をぶつけたり、汚い言葉で罵《ののし》ったりせず、いつも穏やかで思いやりある言葉を心がけること。この「身業」と「口業」が整って初めて「意業」すなわち心が整うことになるのです。心を整えるためには、まずは立ち居振る舞いをただし、美しい言葉づかいを心がける。その先にこそ「意業」があることを忘れてはいけません。

行動は多少乱暴でも、心の中は優しい。言葉づかいは荒っぽいけれども、本心ではそんなことは思っていない。周りの人たちはきっと自分の心を分かってくれている、そう言う人がいます。しかしそれは違うと思います。暴飲暴食を重ねて、いつも傲慢《ごうまん》な振る舞いをしている。怒りを全面に出し、部下を怒鳴りつけている。そういう人で心が整っている人を私は知りません。心穏やかに過ごしたいと思うのであれば、また、周りの人たちからの信頼を得たいと思うなら、まずは自らの立ち居振る舞いや言葉づかいを見直すことです。

家庭においても、昼間からソファーにだらしなく寝そべってお菓子を食べたり、お酒を飲んだりしている。子どもが言うことを聞かなければ、汚い言葉で叱っている。大人がもしもそんな姿を見せていたら、子どもの心は何を感じるでしょう。

立ち居振る舞いをただし、美しい言葉づかいを心がける。
信頼はそういうところから生まれます。

友達の数にとらわれない

小学校に入ると、「ともだちひゃくにんできるかな」などという歌を歌います。たくさんの友達をつくることが良いことだと教えられる。もちろんこの歌には教育的な配慮があってのことだと思いますが、どうやら大人になってもまだ、友達は多いほうがいいという考えにとらわれている人がいるようです。

特にSNSなどが普及し始めてからは、いわゆる友達の輪は一気に広がりを見せてきました。それまでは関わることのなかったような人とも関係を結ぶことができる。地域や立場を超えて、人間関係は広がる一方です。それはけっして悪いことではありませんが、友達の数ばかりにとらわれているとしたら、それはいかがなものかと思います。

ほんとうに心を許せる友達を得ることが大事です。もしもあなたが今、深い悩みを抱えていたとして、それをさらけ出せる友人がいますか。自分の弱みさえもすべて見せ、その悩みを真剣に受け止めてくれる友がいるでしょうか。

心を許せる友。そんな友は一人いれば十分だと私は思っています。二人もいれば儲《もう》けものです。心を許し合い、分かち合える関係。そんな関係があればこそ人生には深みが出てきます。どうして深みが出てくるのかというと、それは、信頼できる相手を通して、自分自身の本来の姿を見ることができるからです。

上辺だけの関係の中にいれば、上辺の自分の姿しか見えてきません。つまりは自分の本心さえも見失ってしまうということです。

真の友達は自分を映し出す鏡でもあります。心を許せるたった一人の友を大切にしてください。

たった一人の
「ほんとうの友達」がいれば十分。

相手の反応に一喜一憂しない

精神科の先生に聞いたところ、「ＳＮＳ症候群」という精神疾患があるそうですね。ＳＮＳに依存しきっていて、いつも誰かとやりとりをすることで、自分は独りではないことを確認したい。自分が発信したにもかかわらず、相手からの返事がない。そうなると「自分はみんなから無視されているのではないだろうか」と不安に苛《さいな》まれて、眠ることもできなくなってくる。そして最悪の場合にはうつ病などにつながっていく。こういう症例が現実に増えているそうです。

手紙とは違い、ＳＮＳやメールはすぐに反応を届けることができます。早朝であれ、深夜であれ、相手の都合にはおかまいなく、届いてしまいます。

そのとき相手は、もしかしたら体調が悪いのかもしれないし、とても忙しいのかもしれない。気分的に落ち込んでいて、返事を書く気分じゃないのかもしれない。そういった相手の事情を考えることなく、「早く反応が欲しい」と思うのはわがままですし、相手の書き込みに対して、「早く何か書き込まなければ」と追い立てられるのも窮屈でしょう。お互いを縛りつけ、ストレスを増やし合っているようなものです。

反応があってもなくてもいい、ぐらいの気持ちで、少し距離を置くようにつき合ったほうが、精神的にも楽でしょう。

手紙のやりとりであれば、しばらく経ってから返事がきて、それもまた宝物のように嬉しいものであったりします。スピード感が増す一方で、そういうゆったりとした時間の使い方を現代人は忘れてしまったようで、むしろさびしい気がいたします。

反応があってもなくてもいい、
ぐらいの気持ちで。

道具に時間と心を奪われない

LINE、フェイスブックなど、老若男女を問わず、多くの人たちがSNSを使う時代になりました。

私の知り合いに、家族でこれを上手に利用している人がいます。お父さんは単身赴任をしており、お母さんは東京で暮らしています。二人の子どもはそれぞれ大学に通うためであったり、仕事の関係で別れて住んでいる。要するに四人がバラバラに暮らしています。一昔前ならば、子どもたちのことが心配でも、毎日連絡するわけにはいきません。夜遅くに電話をしたけれどつながらない。それだけで心配になったりしたものです。

しかしSNSを使えば、いつも家族同士で連絡をとることができます。毎朝「おはよう」と母親が送れば、すぐに三人から返事が返ってくる。「こっちは元気でやってるよ」と。そのメッセージを読むだけで安心できます。

ただし彼らは、あくまでも家族間のやりとりだけにSNSを使っていて、それ以外の人とやりとりをすることはないそうです。とても上手な使い方だと思います。私はSNSに目をやる時間を減らして、その分、草花や青い空に目を向ける時間を増やしてほしいと思います。

自然に目を向けることで、自分自身の心と対話をすることができます。自分の心と対話をすることは、すなわち自分の人生にとって何が大切かを見つけることです。もしもSNSというものが、あなたの時間や心を縛りつけ、振り回しているとしたら、そんなものはやめてしまってもいいのではないかと思います。道具は使うものであって、使われないことが大事です。

道具は使いこなすもの。
自分にとってほんとうに便利かを考える。

身の丈に合った暮らしをする

私たちはつい、他人に対して見栄《みえ》を張ってしまいます。自分のことを少しでも良く見せたい。人間は社会的動物ですから、そんな気持ちを持つことは仕方のないことでもあります。これもまた人間の煩悩《ぼんのう》の一つです。

たとえば友人からランチに誘われる。友人たちはホテルで三〇〇〇円のランチを食べようと言う。自分はランチに三〇〇〇円は高すぎると思うけれど、「高すぎる」とはなかなか言えない。「三〇〇〇円ぐらいは出すのが普通なのかも」「ここで断れば、ケチな人だと思われてしまうかもしれない」「恥ずかしい」などなど、見栄や意地のようなものが働き、断れずに一緒につき合う。

はたして、そのようにして行ったランチで、心から楽しむことができるでしょうか。心から「おいしい」と味わうことができるでしょうか。

自分のほんとうの気持ちを偽《いつわ》り、相手の価値観に合わせて、無理して行動するということは、自分自身を貶《おとし》めることだと思います。

三〇〇〇円のランチを食べるくらいなら、そのお金でおいしい食材を買って、自分で料理したほうが気分的に楽。ランチにそんなにお金をかけたくない、他のことにお金を使いたい、それでいいと思います。「その金額は高すぎると思う」といった自分の感覚を大切にすることが、自分らしい生き方につながるのだと思います。

自分の価値観をもとにお金の使い方を判断する。合わないと思ったら「私はやめておくわ」ときっぱりと断る。そんな潔《いさぎよ》い人のほうが、つき合いやすいし、傍《はた》から見てもかっこいいのではないかと私は思います。

自分の感覚を大事にする。

笑顔で気持ちを整える

朝、目が覚めたら、鏡の前に立ってみてください。そこにはあなたのどんな顔が映っていますか。穏やかな表情をしているでしょうか。笑顔がそこに見えるでしょうか。もしも疲れた顔だったり、なかなか笑顔が出てこないとしたら、あなたの笑顔を消しているものは何でしょうか。

仕事が思うように進まない。人間関係がうまくいかない——不平や不満がいろいろと思い浮かんで、自分の顔から笑顔が消えていく。そんな悲しいことはないと思います。

今、家族がみんな健康であれば……。今、会社の中でやるべき仕事があるのであれば……。そして今、食べることに困らないほどのお金があるとすれば……。それでもう九割はＯＫなのではないでしょうか。

人生にはいろんなことがあります。喜びも苦しみも、糾《あざな》える縄《なわ》のごとくやってきます。生きていれば、うまくいかないことも多いでしょう。大きな悲しみに打ちのめされることもあります。それでも人は頑張って生きていくことができる。それはどうしてでしょうか。苦しみや悲しみに打ち勝つために、笑顔という最高の武器を持っているからだと私は思っています。

朝起きたら、多少心配事があったとしても、「おはよう」と家族や同僚に笑顔で挨拶をしてみてください。その一言が、相手の気持ちを和ませ、また自分自身の心も穏やかにしてくれるでしょう。新しい一日を幸せな気分で始めることができるのです。昔から「笑う門《かど》には福来《きた》る」という言葉があるように、笑顔こそが幸せを運んできてくれるのです。

笑顔が幸運を運んできてくれる、
と信じる。

勝ち負けで考えない

「勝ち組」「負け組」などという言葉があります。とても薄っぺらで、上品ではない言葉だと私は思っています。

「勝ち組」とはお金をたくさん稼《かせ》ぐ人のことでしょうか。社会的に高い地位にいる人でしょうか。「負け組」とは誰のことでしょう。年収が低い人はそこに入るのでしょうか。もしもそう考えているとしたら、それは人生の表面を眺めているだけのことだと思います。

確かに仕事などでは売り上げの成績が比較され、勝ち負けが明白になることもあります。競争社会においては仕方のないことです。

しかし大切なことは、誰かとの比較ではなく、自分自身の中での比較なのです。もしも同僚に負けたとしても、それは同僚に負けたのではなく、努力を怠った自分自身の弱さに負けたのではないでしょうか。

大事なことは、自分自身の人生を生きているかどうか。「主人公」という言葉は、もともとは禅語です。自分が人生の主人公となって生きているかどうかが大事なのです。

あの人は自分よりも年収が上だ。あの人はとても高級なマンションに住んでいる。だから自分はあの人に負けている。そんな考えはまったく無意味です。年収が高くなくても幸せに暮らしている人はいます。昨日の自分よりも今日の自分は輝いているだろうか。人生の基準はそこにこそあるのです。

表面的な勝ち負けに目を奪われてはいけません。その行為は自分らしさを失わせることになります。

「あの人」に勝とうとするよりも、
昨日の自分に勝とうと思う。

頑張りすぎない

結婚や出産をしても、仕事を続ける女性が増えてきました。充実した人生のために仕事を続ける。それはとても良いことだと思います。ところがその一方で、家事や育児と仕事の狭間《はざま》で悩みを抱えている女性を多く見かけます。

家事も完璧にしなければいけない。仕事をしていることで育児に手を抜いていると思われたくない。仕事もみんな以上にやらなければ、子どもがいるからだと言われてしまう。どちらも完璧にこなそうとするあまり、やがては心が疲れ果ててしまう。それはとても不幸せなことだと思います。

まず一つ言えることは、この世に完璧なことなどないということです。完璧な育児、完璧な家事、または完璧な仕事……それらは心が勝手につくりだした「完璧」という幻想に過ぎないのです。ありもしない完璧を求めたところで、そこに辿りつくことはありません。

家事にしても仕事にしても、絶対にやるべきことというものがあります。その他のことは、できるときがきたらやればいいし、できないなら、「できない」と認めて、誰かに力になってもらってもいい。自分を苦しめてまでやることとは思えません。無理をして心と身体が疲れ果ててしまい、笑顔を失ってしまっているとしたら、そのほうが残念です。

絶対にやらなくてはならないこと。まずはその一点に目を向けることです。それさえできていれば十分。そしてそれは、あなたが考えているほど多くのことではないのです。

「絶対にやるべきこと」をまずはやる。
その他のことはできるときがきたらやればいい。

他人を妬まない

自分の境遇をしきりに嘆く人がいます。他人のことを羨《うらや》ましいと妬《ねた》み、うまくいかなければ境遇のせいにする。すべての人間が平等な環境に置かれているわけではありません。自分に与えられた宿命。それを否定したところで仕方がないのです。

「春風無高下　花枝自短長」（しゅんぷうこうげなく　かしおのずからたんちょう）という禅語があります。木々の枝には、長く伸びた枝もあれば、短い枝もあります。当然長い枝にはたくさんの風が当たり、短い枝には少しの風しか届かない。ただ、春の気配を伝える春風はそんなことは知らずに、すべての枝に平等に吹いています。世の中はすべて平等にできているけれども、一人一人差ができるものなのだ、と、そういうことを表わしている言葉なのです。

人間ばかりでなく、自然の中にさえこのような境遇が備わっています。ただし自然は、自らの境遇を嘆くことをしません。短い枝であれば、何とか長い枝を通して流れてくる春風を捕えようとします。雨が降れば、精一杯雨に触れようとするでしょう。一生懸命に自分に与えられた境遇の中で生きていこうとしている、私にはそのように見えるのです。もしも短い枝が生きる努力を怠っていたとしたら、すでにその枝は木々から落ちていることでしょう。必死になって生きているからこそ、長い枝よりも強い力で木々にしがみつくことができている。私は境内の木々を眺めるたびに、大切なことを教えられているような気がします。

自らの境遇を嘆くのはやめましょう。風は誰にも平等に吹いています。短い枝にも雨は降り注いでいます。

自分の境遇を嘆いたところで何も変わらない。
今いる場所で枝を伸ばそう。

自分を偽らない

「自分が幸せそうに見えないといけない。ほんとうはあまり幸せではなくても、周りからは幸せそうに見られたい。そんな独特の見栄みたいなものがあると思います」。私の知り合いの女性がこんなことを言っていました。なるほどと私は感心したものです。もちろんこれは男性の中にもあるものだと思いますが、もしかしたらこの欲求は女性のほうが強いのかもしれません。

もしも「幸せに見せなくてはいけない症候群」があるとすれば、それはきっと、社会の中にある「普通」とか「常識」という幻想に惑わされているからだと私は考えます。「三〇歳くらいまでに結婚するほうがいい」「結婚したら子どもを出産するのが当たり前」「奥さんは夫に養ってもらうのが幸せ」。そのような固定観念がたくさん世の中には溢れています。もしそうであるならば、「三〇歳までに結婚しなければ幸せになれないのでしょうか」「子どもがいない夫婦は不幸ですか」「もしも夫がリストラされてしまったら、そこで人生は終わってしまうのですか」と問うてみましょう。そんなことは絶対にありません。ただ単にその人が思い込んでいるだけの話です。

夫がリストラされてしまった。周りからは不幸に見えるかもしれません。しかし夫がリストラされたことで、二人で力を合わせて乗り切ろうと頑張り、結束が高まることもあるでしょう。あるいは仕事が変わることによって、一緒にいる時間が増え、二人の絆《きずな》が強くなるかもしれません。それはとても幸せなことだと思いませんか。「幸せそうに見えるかどうか」を決めるのは他人です。しかし、「自分が幸せかどうか」は自分で決めることができるのです。

「幸せそうに見える自分」ではなく、
「幸せを感じられる自分」を目指しましょう。

あとがき

私たち人間は、生きている限り「欲」というものに包まれています。食欲・睡眠欲・性欲という本能的な欲望をはじめとして、さまざまな欲望と向き合いながら生きています。もちろんそれらの欲望をゼロにすることなどできません。欲望のすべてが消え失せるときが来るとすれば、それは死を迎えるときです。命ある以上、人間は欲望から解放されることはありません。

生きていくうえで最低限必要となる欲望。それが満たされさえすれば人間は満足できるのでしょうか。たとえば生きていくうえには食べ物をとらなければなりません。であれば、命をつなぐだけの食べ物で人間は満足感を得ることができるのかというと、きっと初めのうちはそれでも満足を得ることができるでしょう。ところがその欲望はどんどん大きくなり、もっとたくさん食べたい、もっとおいしいものを食べたいという欲求が強くなってきてしまいます。

あるいは自分が住む場所にしてもそうです。「起きて半畳、寝て一畳」という禅の修行生活を表わす言葉がありますが、本来人間はそれくらいの場所があれば生きていくことができるものです。実際に修行僧の雲水に与えられるスペースは一畳ほどのものです。まあこれは極端な例ですが、現実的に考えても、家族四人で暮らすのにそれほど大きな家は必要がありません。部屋の数が一〇室もあったところで、そのほとんどは使われないままになってしまうでしょう。それでも私たちはつい「もっと部屋数があればいいのに」「もっと広い家に住みたい」と思ってしまう。

このように欲望というものは、知らず知らずのうちにどんどん増殖していきます。初めのうちは少しのもので満足していても、それでは足りないという思いばかりが強くなっていきます。

欲望がどんどん膨らんでしまうと、「満足を知らない心」が生まれてきます。欲しいものがさらに生まれ、それを手に入れたとしても、また新しいものが欲しくなってくる。どこまで行っても、満足には辿りつくことができないのです。永遠に満足することのない人生。それが幸福な人生と言えるでしょうか。答えは言うまでもありませんね。

「満足を知らない心」。これを私は「心のメタボ」と呼んでいます。生きていくうえには何の必要もない欲望です。まるで脂肪のように無駄な欲望が心を蝕《むしば》んでいるのです。そこに生まれるのは「執着心《しゅうじゃくしん》」だと禅は教えています。

欲しいという欲望に執着し、そして一度手に入れたものに執着する。けっして手放すことをせず、それを守ることが人生の目的になっていく。失う怖さばかりが押し寄せてくる。そこに「不安」や「心配事」が生まれてくるのです。

私たちは誰しもが「不安」や「心配事」を抱えています。しかしそのほとんどは、無意味な執着心が生み出しているのです。何かを手放すことで、不要な不安や心配は気づかないうちになくなっている、そういうものです。

この「心のメタボ」を解消するにはどうすればいいのでしょうか。「身体のメタボ」というものは、自分自身で気づきます。体重が増えたり、お腹が出てきたり、あるいは健康診断などの数値によって気づかされます。そして自分で気づくことによって、「少し気をつけるようにしよう」と思うものです。ところが「心のメタボ」というものは、なかなか自分自身で気づくことができません。

本書では、人が陥りがちな「心のメタボ」がどういうものか、またそれをいかに解消するかを、禅の考え方をもとに記したつもりです。

すべての欲望を捨てることはできませんし、欲望を否定することもしません。しかし、もしもあなたが持っている欲望や執着心が、あなた自身を苦しめているとすれば、それは捨てたほうがいい。心の脂肪を少しそぎ落とすことができれば、幸福を感じることができる。そのことを実感していただければと願っています。

合掌

平成二十七年　八月吉日

建功寺方丈にて　枡野俊明

文庫版あとがき

二〇二〇年。東京オリンピックが開催される予定だったこの年、世界中が新型ウイルスの脅威に晒《さら》されています。その勢いは留まることを知らず、日本もまたウイルスの存在に脅かされながらの日々を送っています。

私がこの「あとがき」を書いているのは、未だ梅雨が明けない七月。夏になれば少しは終息に向かうだろうという期待も虚しく、私たちの平穏な日常は奪われたままです。政府によって「緊急事態宣言」が発令されたのが四月のことでした。その言葉の意味を十分に理解することもできないままに、私たちは日常を奪われることになったのです。

「緊急事態宣言」が発令されると同時に、人々の生活は一変しました。自由に外に出かけることもままならず、日本中が自宅待機状態になりました。学校はもとより、会社や仕事場にも出かけることができない。誰にとってもそれは初めて経験することだったと思います。

私もまたみなさんと同じように、日常が一変することになりました。教鞭をとっている大学はもちろん休講の後、これまでに経験をしたことのない遠隔授業になりました。「禅の庭」のデザインを依頼されて、一年に二十回程度海外出張するのですが、それもまた当然のことながら行くことはできません。講演会などもすべて中止か延期です。今年の春の二か月間、私は住職を務める建功寺から一歩も外に出ることはありませんでした。この七月末になっても未だにほとんど寺の山外へ出ることはありません。

特に「緊急事態宣言」が出ている間は、外に出かけることがまったくない日々が続きました。もちろん不便さは感じていましたが、それでも私自身の心にはさしたる影響はなかったのです。どうして影響がないのか。それは、いついかなる時でも、禅僧としての修行は何も変わることがないからです。

私たち禅僧の修行は、命がつきるその日まで続きます。修行に終わりはありません。私の日頃の生活は、四時半には起床して、境内の掃除や草取りをします。この時期は、草が次から次へと生えてくるので、草取りが中心の日々でした。それから坐禅を組み、朝のお勤めをする。朝食後はその日の予定の仕事をする。この生活は日々ほとんど変わることはありません。

修行を積むこと。それは禅僧にとっては人生の核と言えます。生きる上での「芯」といってもいいかもしれません。この人生の「芯」を見失わない限り、たとえ周りの状況がいかに変化しても、自分自身を見失うことはありません。極端な言い方をすれば、もしもお寺が災害に見舞われたとしても、私たち禅僧はその場に端坐してから片づけという修行を続けるでしょう。禅僧にとって生活そのものが修行だからです。そうすることが、私たち禅僧に与えられた使命であるからです。

余計なものをそぎ落としていく。無駄な物を捨て、自分自身を縛りつけている余計な欲望を排除していく。それが禅の基本的な考え方です。身も心もシンプルにしていくことで、本当の自分自身の姿がみえてきます。自分が歩むべき人生の道がはっきりしてくるのです。

自分にとっていちばん大切にしなくてはならないもの。自分の人生にとってぜったいになくてはならないもの。つまりは自分の人生の「芯」とも言うべきもの。そこに目を向けることの重要さを、私はあの二か月の間に再認識させられたような気がするのです。

自分の身の回りをシンプルにしましょう。そんな内容の書籍がここ数年話題となっています。無駄な物を失くしていく生き方。多くの人たちがそんな生き方を目指すようになりました。それはとてもすばらしいことだと思います。

しかしこれからは一歩先に進んでいくことです。無駄な物を削っていく、心身ともにシンプルにしていく。ただそこで立ち止まるのではなく、そこから先にある自身の「芯」を探すこと。人生の支えとなる「芯」。それがなければ人生はなりたたない。逆に言えば、それさえあれば自分の人生は確かなものになると思います。禅僧にとっての「修行」のように、それぞれの人たちが「たったひとつの自分自身の芯」を見つけていくこと。そしてその先にこそ真の豊かさと安寧《あんねい》があることの大切さに、私は今回の出来事で気づかされたような気がするのです。

本書は二〇一五年九月に出版された単行本に手を加えたものです。自身で改めて読み返しながら、この原稿の先にある「何か」を探そうとしていた自分自身がいました。

みなさんの人生の芯とは何ですか。少しでもそのことに思いを馳《は》せるきっかけになれば幸いです。

合掌

令和二年　七月吉日

建功寺方丈にて　枡野俊明

著者紹介
枡野俊明（ますの　しゅんみょう）
1953年、神奈川県に生まれる。曹洞宗徳雄山建功寺住職、庭園デザイナー、多摩美術大学環境デザイン学科教授。玉川大学農学部卒業後、大本山總持寺にて雲水として修行。禅の思想と日本の伝統的な考え方をもとに庭の創作活動を行い、国内外より高い評価を得る。庭園デザイナーとして、芸術選奨文部大臣新人賞を初受賞。外務大臣表彰、カナダ総督褒章、ドイツ連邦共和国功労勲章功労十字小綬章など、受章・受賞等多数。
著書に、『心配事の９割は起こらない――減らす、手放す、忘れる「禅の教え」』（三笠書房）、『禅が教えてくれる 美しい人をつくる「所作」の基本』（幻冬舎）、『怒らない 禅の作法』（河出書房新社）、『50代を上手に生きる禅の知恵』（ＰＨＰ研究所）などがある。

編集協力――網中裕之

本書は、2015年９月にＰＨＰ研究所から刊行された作品に、加筆・修正したものです。

PHP文庫　限りなくシンプルに、豊かに暮らす

2020年9月15日　第1版第1刷
2022年11月10日　第1版第4刷

著者　枡野俊明
発行者　永田貴之
発行所　株式会社PHP研究所
東京本部　〒135-8137　江東区豊洲5-6-52
ビジネス・教養出版部　☎03-3520-9617(編集)
普及部　☎03-3520-9630(販売)
京都本部　〒601-8411　京都市南区西九条北ノ内町11

PHP INTERFACE　https://www.php.co.jp/

制作協力
組版
株式会社PHPエディターズ・グループ

印刷所
製本所
図書印刷株式会社

ISBN978-4-569-90077-3

JASRAC　出2006486-204

PHP文庫

美しく、心地よく、生きる

枡野俊明 著

禅僧が教える、心の疲れをためないヒント集。生きることが楽になるためには？ やすらぎに出合い心地よく生きるための55のヒント。

PHP文庫

少ないもので贅沢に暮らす

石黒智子 著

本当に気に入った、最小限のモノで生活している石黒さん。そのセンスの秘訣と最後までモノを使い切るためのちょっとした工夫を大公開！

PHP文庫

すっきり、ていねいに暮らすこと

渡辺有子 著

家で過ごす時間を、もっと快適にするために――。収納術から気分転換の方法まで、人気料理家が自分らしく暮らすためのルールを紹介。

PHP文庫

おだやかに、シンプルに生きる

枡野俊明　著

周囲の出来事や自分の感情に振り回される
ことなく、平常心を保って暮らすには？
禅の思想から、おだやかに過ごせる方法を
学ぶ。

PHP文庫

人は、いつ旅立ってもおかしくない

枡野俊明 著

深い悲しみのなかで、どう向き合えばいいのか――。禅の教えと著者のエピソードを交えて、「丁寧に生きること」を考える一冊。

PHP文庫

手放すほど、豊かになる

枡野俊明 著

あらゆるモノ・コトは、溢れるとかえって不快になる。いったん身の回りのあれこれを手放して、自分を大切に、豊かに生きることを提案。

PHP文庫

比べず、とらわれず、生きる

枡野俊明 著

心配ごとや不安は自分で作っていることに気づいて取り除けられれば、ずっと楽に生きられる。禅語を道しるべに、豊かになる生き方を解説。